《亘古久远》 新疆风砺石(80cm×30cm×60cm) 王丽琳 藏

《鸿福齐天》 昌化鸡血石(50cm×40cm×40cm) 王丽琳 藏

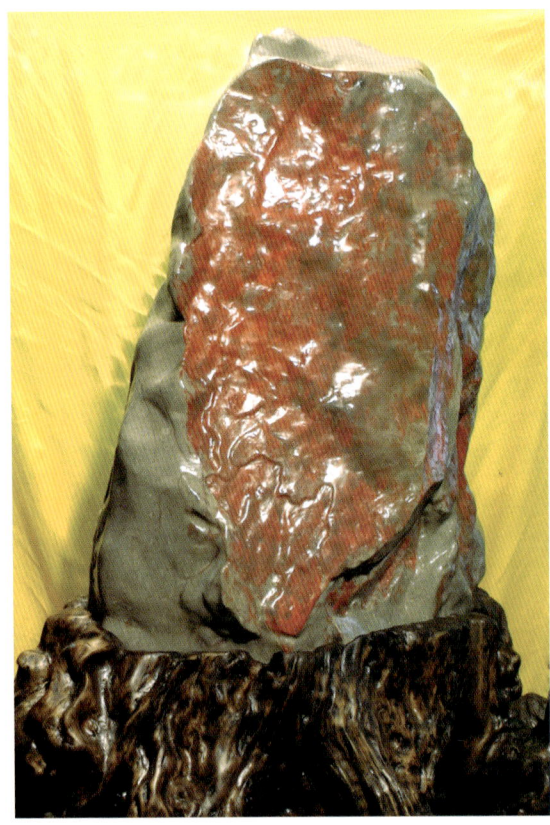

《国色天骄》 昌化鸡血石
(85cm×65cm×100cm)
王丽琳 藏

《巍巍昆仑》 新疆风砺石(90cm×40cm×78cm) 王丽琳 藏

观赏石基础

《六盘山》 新疆风砺石(68cm×30cm×26cm) 施刘章 藏

《静心台》 广西大化石（68cm×52cm×42cm） 施刘章 藏

《永恒》 广西梨皮石
（36cm×32cm×60cm） 施刘章 藏

《金狮献瑞》 广西大化石（132cm×118cm×45cm） 王世平 藏

《江山多娇》 广西水冲石（198cm×92cm×112cm） 张云财 藏

《欢庆锣鼓》 广西来宾石胆（小品组合） 张云财 藏

《靠山》 广西都安石
（168cm×258cm×68cm）
徐一峰 藏

《财源》 木化石（168cm×65cm×65cm） 汤惠忠 藏

《龙源》 广西墨石
（60cm×88cm×40cm）
汤惠忠 藏

《山》 英石（72cm×30cm×28cm） 汤惠忠 藏

《洞中仙》 长江石（60cm×30cm×13cm） 李永康 藏

《伟人》 四川绿泥石
（28cm×26cm×20cm） 李永康 藏

《对壶》 内蒙戈壁玛瑙（小品组合） 张学明 藏

《峰回路转》 淄博纹石（26cm×25cm×18cm） 张学明 藏

《飞龙》 太湖石
（280cm×230cm×100cm）
胡丰明 藏

《宫廷佳人》
内蒙戈壁石
（8cm×16cm×6cm）
李大刚 藏

《昭君出塞》 缠丝玛瑙
（3cm×7cm×2cm）李秀蓉 藏

《中华魂》 安徽灵璧石（88cm×46cm×30cm） 张毅 藏

《灵龟》 福建九龙璧（70cm×42cm×50cm） 范智富 藏

《月兔》 广西大化石
（25cm×17cm×12cm）
沈道林 藏

《摩崖栈道》 广西彩陶石
（58cm×33cm×66cm） 陈光蓉 藏

《传承》 安徽灵璧石
（49cm×85cm×20cm） 孙福新 藏

《虔诚》 安徽灵壁石 （25cm×52cm×22cm） 何卉 藏

《三个和尚没水喝》 戈壁石（小品组合） 陈金财 藏

《清贡》 广西柳江石（88cm×63cm×52cm） 丁健 藏

《老道》 大湾石
（7cm×14cm×5cm） 宁卫东 藏

《祝福》 内蒙古戈壁石
（18cm×25cm×14cm） 周勇 藏

《神灵》 新疆纹石
（8cm×15cm×7cm） 周勇 藏

《寿比南山》 大湾石（小品组合） 梁福伟 藏

《望子成龙》 大湾石（小品组合） 梁福伟 藏

《熊猫》 新疆风砺石（12cm×9cm×8cm） 陈时红 藏

《熊猫图》 福建九龙璧（小品组合） 何卉 藏

观赏石基础

《中》 泰山石（28cm×28cm×26cm） 曲希文 藏

《昆仑雪山》 青海源头石（62cm×32cm×48cm） 曲希文 藏

观赏石基础

《一指峰》 孔雀石
（8cm×16cm×6cm） 胡克林 藏

《玉鱼石首》 昆石鸡骨峰
（25cm×35cm×11cm） 张洪军 藏

《千古一帝》 四川金沙彩（56cm×42cm×28cm） 彭志杰 藏

《伯乐遗骏》 安徽灵璧石（20cm×15cm×12cm） 陆建新 藏

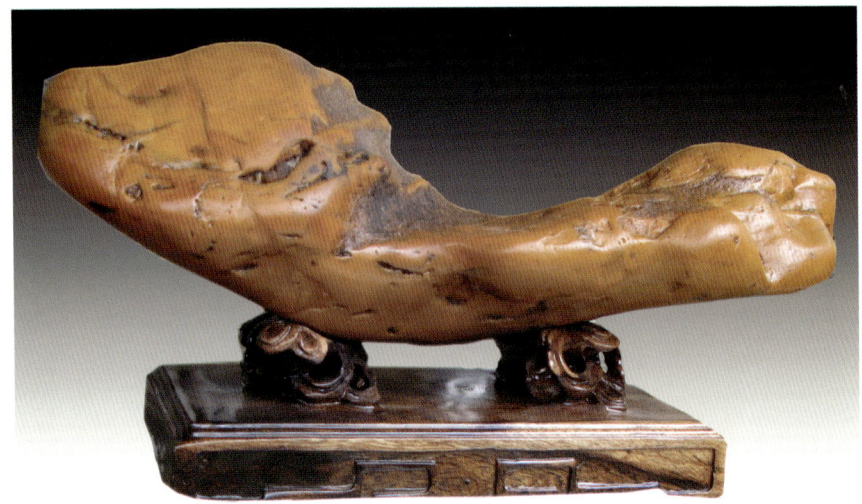

《如意》 云南黄龙玉（43cm×13cm×20cm） 谌永建 藏

《战争与和平》 玛瑙石、乌江石（小品组合） 赵德奇 藏

《层峦叠嶂》 广西梨皮石（98cm×56cm×48cm） 王万东 藏

《石林》 孔雀石（36cm×18cm×15cm） 王万东 藏

《玲珑仙境》 绿松石
（50cm×40cm×35cm） 王万东 藏

《母子情》 葡萄玛瑙
（18cm×55cm×16cm）王万东 藏

观赏石基础

卢保奇 编著

上海大学出版社
·上海·

图书在版编目(CIP)数据

观赏石基础/卢保奇编著. —上海：上海大学出版社，2011.7(2021.6重印)
(宝石·观赏石系列)
ISBN 978-7-81118-270-5

Ⅰ.①观… Ⅱ.①卢… Ⅲ.①观赏型-石-高等学校-教材 Ⅳ.①G894

中国版本图书馆 CIP 数据核字(2011)第 073705 号

编辑/策划：高晓晨　江振新
责任出版：金　鑫　钱宇坤
封面设计：柯国富

观赏石基础

卢保奇　编著

上海大学出版社出版发行
(上海市上大路99号　邮政编码200444)
(http://www.shupress.cn　发行热线 021-66135112)
出版人：戴骏豪

*

南京展望文化发展有限公司排版
江苏句容市排印厂印刷　各地新华书店经销
开本 890×1240　1/32　印张 5.75　插页 24　字数 155 千
2011 年 7 月第 1 版　2021 年 6 月第 4 次印刷
印数：8 301～10 400 册
ISBN 978-7-81118-270-5/G·599　定价：38.00 元

版权所有　侵权必究
如发现本书有印装质量问题请与印刷厂质量科联系
联系电话：0511-87871135

内 容 提 要

本书以丰富翔实的资料系统地介绍了我国 120 余种造型石、纹理石、矿物晶体观赏石、化石观赏石、事件石和纪念石的基本特征、真伪鉴别以及观赏石的研究动态、市场信息和收藏。在详尽阐述"稀、奇、美"的各种石体的同时,特别描述了每种观赏石的人文艺术性,真正体现了"赏石"的特点。本书集科学性、文化艺术性、趣味性和可读性于一体。既可作为宝石、地质、矿床资源、材料科学等相关专业的教材,也可供广大观赏石爱好者、收藏者及研究者学习参考。

前　言

观赏石作为一门新型的学科,其发展具有悠久的历史和深厚的文化底蕴。但历史上赏石活动仅限于达官贵人和文人雅士。20世纪80年代以来,特别是近年来,随着人们生活水平的显著提高和审美观念的转变,观赏石作为一种高雅的石文化现象已经逐渐融入人们的日常生活之中,"旧时王谢堂前燕,飞入寻常百姓家"正是这一现象的真实写照。特别是自2005年中国观赏石协会以及各地赏石协会的相继成立以来,各大城市奇石会展的成功举行,吸引了大批赏石专业人士和赏石爱好者,为我国石文化的普及和纵深发展奠定了雄厚的基础。

本书正是应赏石文化迅猛发展的需求而编写的,同时作为上海大学公共选修课教材。书中详细地介绍了观赏石的基本知识和最新发展趋势,其目的就是为观赏石收藏者和爱好者提供一个较全面、系统的观赏石的品种、特征、鉴定以及保养等诸多方面的详细信息。

本书完稿后承蒙同济大学亓利剑教授、上海大学翁臻培教授对全文进行了审阅并提出了宝贵意见。上海大学材料科学与工程学院副院长王林军教授对本书的出版给予了很大的支持和出版资助。上海海岳石园主人高新村先生对本书的出版也给予了很大的关心。顾文同志、孙美兰同志和谭卫平同志对书稿进行了编辑输入。卢飞辰、江之韵对本书也提出了一些建议。在此,编者对他们表示衷心的感谢！同时,对本书所有参考文献和资料的作者编者表示最诚挚的谢意！

值得一提的是本书所有彩色图版均由上海市观赏石协会副会长、中华奇石网站长施刘章先生提供,其中封面和封底奇石为其本人收藏,在此,作者对施先生以独到的慧眼,精心挑选这些奇石精品和鼎力帮助表示深深的敬意！

由于编者水平与经验有限,书中难免存在错误和不足之处,恳请广大读者,特别是同行老师予以批评指正！

编　者

2011年5月

目　录

第一章　观赏石历史和现状 ··· 1
　第一节　观赏石的发展简史 ··· 1
　第二节　观赏石发展的现状和趋势 ··· 5
　复习题 ··· 8

第二章　观赏石的概念及基本类型 ··· 9
　第一节　观赏石的概念 ··· 9
　第二节　观赏石的基本类型 ·· 11
　第三节　观赏石的一般评价标准 ·· 15
　第四节　我国观赏石的分布 ·· 16
　复习题 ·· 18

第三章　造型石观赏石 ··· 19
　第一节　太湖石、灵璧石、英石、昆山石 ······································ 19
　第二节　风棱石、姜石、菊花石、洛阳牡丹石 ·································· 27
　第三节　梅花玉、葡萄玛瑙、石钟乳 ·· 34
　第四节　沙漠漆、茅山石、崂山绿石 ·· 36
　复习题 ·· 39

第四章　纹理石观赏石 ··· 40
　第一节　雨花石 ·· 40
　第二节　三峡石 ·· 44
　第三节　玛瑙 ·· 46
　第四节　黄河石 ·· 47
　第五节　丹麻彩石 ·· 49
　第六节　三江石 ·· 50
　第七节　模树石 ·· 51
　第八节　汉江石、国画石、蓝纹石 ·· 52
　第九节　九龙璧、鸡血石、彩陶石 ·· 55
　第十节　大化石、来宾石、汉中香石 ·· 57

复习题 ·· 59

第五章　矿物晶体观赏石 ··· 61
　　第一节　矿物晶体观赏石的一般特征 ······················ 61
　　第二节　自然元素类矿物晶体观赏石 ······················ 62
　　第三节　硫化物类矿物晶体观赏石 ·························· 67
　　第四节　卤化物类矿物晶体观赏石 ·························· 79
　　第五节　氧化物与氢氧化物类矿物晶体观赏石 ········ 81
　　第六节　碳酸盐类矿物晶体观赏石 ·························· 95
　　第七节　硫酸盐类矿物晶体观赏石 ·························· 99
　　第八节　硅酸盐类矿物晶体观赏石 ························ 101
　　复习题 ·· 123

第六章　化石观赏石 ··· 124
　　第一节　概述 ·· 124
　　第二节　化石观赏石的分类及其评价 ···················· 125
　　第三节　地质年代表及各时期的生物特征 ············ 127
　　第四节　腕足类、头足类、珊瑚类 ························ 130
　　第五节　三叶虫类 ·· 139
　　第六节　植物类、棘皮动物类 ································ 142
　　第七节　鱼类化石 ·· 149
　　第八节　牙形石、笔石、遗迹化石 ························ 153
　　第九节　鸟类化石、中华龙鸟化石 ························ 159
　　复习题 ·· 162

第七章　事件石 ··· 163
　　第一节　概述 ·· 163
　　第二节　陨石 ·· 163
　　第三节　火山弹 ·· 168
　　复习题 ·· 170

第八章　纪念石 ··· 171
　　第一节　概述 ·· 171
　　第二节　青云片、青莲朵、青芝岫 ························ 172
　　第三节　败国石、聊斋三石 ···································· 173
　　复习题 ·· 174

参考文献 ·· 175

第一章 观赏石历史和现状

本章提要

本章主要介绍了我国观赏石的发展历史和发展现状。在观赏石发展历史的每一阶段,介绍了该时期观赏石发展的状况以及名人雅士收藏、欣赏观赏石的趣闻轶事。在发展的现状一节中主要介绍了我国观赏石鉴赏理念的转变、观赏石市场的新动向和发展趋势。指出我国观赏石鉴赏理念由传统的"皱、瘦、漏、透"的赏石理念逐步转变为"质形、色、纹"的新理念。观赏石市场的发展已逐渐与政府、社团、企业家相结合,并逐渐与国际接轨。

第一节 观赏石的发展简史

中国观赏石文化源远流长。古往今来,观赏石被誉为"立体的画、无声的诗",深受文人雅士钟爱,它有着悠久的历史和灿烂的文化。纵观一部浩如烟海的人类社会发展史,从某种意义上说就是一部石文化发展史。从人类祖先以石穴而居、以石块做工具和石器,到传说中的盘古开天地、女娲补天和精卫填海,无一不反映了先人对石头的依赖。

园无石不奇,斋无石不雅。观赏石七彩纷呈,质朴秀雅,是高洁、坚贞的象征。每一块观赏石都是大自然天工造物,都是一幅画、一首诗或者从某种意义上说是观赏者审美情趣和丰富阅历的真实写照。

观赏石历史可以追溯到新石器时代初期。距今 7 000 年前出土的有石珠和简单加工的玉器。辽宁和内蒙古东部地区的红山文化层中,出土的豕形玉饰和猪龙。1955 年在南京新石器时代北阴阳营的文化遗址(距今 5 000~6 000 年)发掘出的随葬品中有不少纹彩斑斓的雨花石。新石器时代是石文化的奠基阶段,是赏石文化的实践阶段。

商周时代,曾一度出现过一定规模的石玩市场。据历史文献记载,周武王灭商时"得旧宝石一万四千,佩玉有八万。"

春秋战国时期的地理学著作《山海经》中,明确提出了各地所产观赏石品种。而且《尚书》的《禹贡》篇中,也提到奇石已作为地方贡品上缴皇宫,如青州的"铅松怪石"、徐州的"泗滨浮磬"。

魏晋时代,奇石逐渐成为文人雅士赏玩的对象。如晚唐画家孙位有一幅《高逸图》,描绘的是魏晋隐士的生活场景,背景便是几块漏透奇巧的山石。东晋著名的田园诗人陶渊明诗云"静念园林好,人间良可辞"。退隐山林后,每当喝醉了酒,便在自家后宅中的一块山石上酣睡,日子一长,陶渊明深深地喜欢上了此石,特取名为"醉石"(今在庐山南麓虎爪崖下)。作为一种真正意义的收藏赏玩,起始于魏晋,成熟于唐宋,它是由文人士大夫倡导的。据《阚子》载:"宋之愚人,得燕石于梧台之东,归而藏之,以为大宝,周客闻而观焉。"

唐代时期是赏石文化发展的昌盛时期。唐代经济繁荣,国富民强,科学、文化、艺术特别是建筑业中庭院建筑的发展,加之当时的文人雅士思想活跃、百家争鸣,都为对自然山水的审美创造了物质基础和文化条件。许多文人雅士搜罗赏玩奇石已成为一种风气。盛唐时期李勉藏有罗浮山石、海门山石等名石。南唐后主李煜收藏有"宝晋齐研山"石、"海岳庵研山"石。诗人杜甫曾得石一方,奇峰突兀,意境深远,以南岳的祝融山而命名,取名曰"小祝融"。曾身居相位之尊的牛僧孺也是一位酷爱藏石的人,在洛阳的府第中收藏了很多太湖石。晚唐时期宰相李德裕则在洛阳城的平泉山庄中,聚各地的奇花异木、珍松怪石于一园,成为当时的一大景观。除此之外,白居易赋有《天竺石》、《太湖石记》等诗篇,指出"石有聚族,太湖为甲","太湖石奥妙,就在于三山五岳,百洞千谷,尽收在一块石头上",对太湖石作了较高的评价。

宋代时期观赏石的发展进入全盛期,在赏石理论和实践方面均达到很高水平。观赏石被搜藏的深度和广度都有了全新的面貌。这一时期观赏石最重要的发展特点是出现了许多赏石专著：杜绾的《云林石谱》、范成大的《太湖石志》、常懋的《宣和石谱》、渔阳公的《渔阳石谱》等。如《云林石谱》收录了各地所产观赏石达116种之多，介绍了每种观赏石的产地、特征、质量评价和开采的方法，并第一次涉及矿物晶体和化石观赏石。

北宋的书画家和鉴赏家米芾与蔡襄、苏轼、黄庭坚合称为北宋四大书画家。据传他有一枚心爱的柿形雨花石，在南京燕子矶舟中把玩，不慎落水，直至第二年才打捞出来，他嘱其家人待其死后与此石同葬。爱石至死，可谓一往情深。在赏石方面，他还创立了一套评鉴太湖石的理论原则，即长期为后世所沿用的"瘦、透、漏、皱"四字标准。

宋徽宗时代建造的"寿山艮岳"，是我国古代皇家园林的典型代表。艮岳设置于当时京城东京汴梁（今河南开封）的东北角，所采用的都是来自江南的太湖石。历史上著名的"花石纲"就是为宋徽宗赵佶建造"艮岳"运输太湖石的船队，十艘船只编为一纲，故称"花石纲"。"寿山艮岳"的建造足以说明宋徽宗对奇石的钟爱。据史书记载，艮岳中有65块石峰有品题命名，历史上曾有《宣和石谱》为之题画传真。现江南三大奇石（上海玉玲珑、苏州冠云峰、杭州绉云峰）及保存于开封大相国寺内的艮岳遗石都是当年花石纲的遗物。

唐宋八大家之一的苏东坡也是一位藏石爱好者。他曾收集齐安江上红、黄、白色彩石298枚，每枚均有细致的图案，大的寸许，小的如枣栗、菱角一般大小。

元代中国经济、文化的发展均处低潮，观赏石的发展也是如此。这一时期，观赏石理论的发展几乎处于停滞状态。

明清两代是中国古代赏石文化从恢复到大发展的时期。在这数百年间，中国古典园林从实践到理论都已逐渐发展到成熟阶段。文人雅士把绘画、诗文、书法三者融为一体，使园林意境深远，更具诗情画意。园林中置石、叠石以奇特取胜，如明末清初的著名画家石涛在扬州个园设计建造的四季假山，技术精湛，构思奇妙，气度非凡。苏州留园的江南名石之冠——"冠云峰"，即为太湖石，石高6.5米，挺拔俊秀。明代著名造园大师计成的《园冶》、王象晋的《群芳谱》、李渔的《闲情偶记》和文震亨的《长物志》等相继问世，他们对园林堆山叠石的原则都有相当精辟的论述。特别是明朝万历年间林有麟的《素园石谱》等，更是明代观赏石理论与实践高度而全面的概括。《素园石谱》详细记载了可供欣赏的山石共120多个品种。他还进一步提出"石尤近于掸"、"芜尔不言，一洗人间肉飞丝雨境界"，从而把赏石意境从以自然景观缩影和直观形象美为主的高度，提升到了具有人生哲理、内涵更为丰富的哲学高度。这是中国古代赏石理论的一次飞跃。

清代曹雪芹的《石头记》，沈心的《怪石录》，胡朴安的《奇石记》，梁九图的《谈石》，宋荦的《怪石赞》，高兆的《观石录》，毛奇龄的《后现石录》，诸九鼎的《石谱》和谷应泰的《博物要览》等观赏石专著的出现，把中国传统赏石文化推向了一个新的高峰。

乾隆皇帝六下江南，对太湖石情有独钟。例如当时在杭州南宋德寿宫旧址有一块天竺石——"芙蓉石"，是宋高宗时期的遗物。石高1.75米，径3.3米，色泽白润，纵横包络，百孔灵通，乾隆皇帝看到后十分钟爱，地方官投其所好，将此石辗转运至北京，乾隆亲题"青莲朵"三字于石上。此石后被收入圆明园中。乾隆皇帝留下了许多赏石、品石诗。其中不乏真知箴言。如他曾提到："宇宙间石最顽，而象形象物，往往出人意表。"在南京莫愁湖太湖石上，他题诗道："顽石莫嗤形貌丑，娲皇曾用补天功。"

我国观赏石事业的发展在民国时期处于衰落状态。新中国成立后的几十年中，观赏石事业经历了曲折发展的历程。我国观赏石事业在当代得到突飞猛进发展是我国实行对外开放以后，即20世纪80年代初期至今。这一时期为中国赏石文化的全面系统、科学发展的全盛时期。这一时期赏石事业的发展有两个突出特点：一方面人们的生活水平和鉴赏水平不断提高，对赏石的需求也日益高涨。历史悠久、博大精深的古老赏石文化，已植根于具有深厚文化沉淀的中华文化的沃土之中，日益成为人们精神生活的一部分，人们越来越重视赏石的审美价值。同时西方发达国家、日本、港澳台等地藏石热的兴起,对我国观赏石事业的发展起到了不可估量的促进作用。另一方面随着各种观赏石新品种的不断发现和开采,观赏石的范围不断扩大,品种不断丰富,除传统的福建寿山石、浙江青田石、浙江昌化鸡血石、广东广绿石和内蒙古巴林石等五大名石以及河南独山玉、新疆和田玉和湖北绿松石等三大名玉外,还包括了造型石、纹理石、生物化石、矿物晶体、事件石和纪念石等。

第二节 观赏石发展的现状和趋势

一、我国观赏石发展的现状

我国拥有独特的地质地理环境和丰富的观赏石资源。自古以来,江苏太湖石、安徽灵璧石、广东英石和南京雨花石就被誉为藏石界和赏石界的"四大名石"。这四大名石一直受到观赏石收藏和爱好者的青睐。除此之外,随着观赏石文化的不断发展和人们对观赏石文化内涵理解的不断深入,以及各地相继有不同种类的新的赏石品种的发现,因此观赏石的新资源、新品种不断丰富。例如,① 广西红水河的大化彩玉石,石质温润似玉,色彩艳黄,气韵非凡,自1997年开采以来,轰动全国,誉满神州大地。② 广西马鞍彩陶石,以其绿色的色彩独占鳌头,成为收藏者的宠爱。③ 广西红水河的来宾石,以其黑色、褐色的庄重色彩和光洁圆润的石肤和形态深受人们的喜爱并珍藏。④ 内蒙、新疆的戈壁石,如戈壁玛瑙、葡萄玛瑙、沙漠漆、红碧玉、黄碧玉及硅化木等,已经成为奇石市场的新宠儿。这些玲珑剔透的戈壁石,自投放市场以来就备受人们的追捧。奇特的造型、坚硬的质地、温润的玉质,既可作为供石,更适合于把玩。从每次石展戈壁石展柜前人头攒动的热闹景象可见戈壁石热的悄然升起。同时,其价格也日益飙升,如鸡蛋大小戈壁玛瑙《雏鸡》的市场估价为1.3亿人民币,这样的天价震撼了整个观赏石界。⑤ 中华民族母亲河的黄河石,以其粗犷、纯朴、浑厚的造型和深远的意境独具艺术感染力。总之,我国新的观赏石资源有了突破,这极大地丰富了传统的赏石品种、扩大了赏石范围。

特别值得一提的是,我国的部分观赏石资源是举世瞩目的。例如新疆阿尔泰可可托海露天开采区,不仅产出重达60吨的绿柱石单晶体、60千克的铌钽铁矿单晶、36.2吨的锂辉石、9吨重的铯榴石单晶和大量宝石,而且产有极为丰富的稀有金属矿物。驰名中外的内蒙白云鄂博地区蕴藏的矿物之繁、稀有矿物之富和发现的新矿物之多,乃举世无双。已发现有黄河矿、包头矿、氟碳铈钡矿、中华铈矿、大青山矿等10多种新矿物。此外,西南地区的钟乳石、南岭地区各种稀有、有色金属矿物及其伴生的热液矿物,包括:辰砂、辉锑矿、锑华、黑钨矿、雄黄、毒砂、黝锡矿、车轮矿、蓝铜矿、孔雀石、黄铁矿、水晶和萤石等。其晶体色泽艳丽、晶形粗大完美,千姿百态,近年来深受国外博物馆和收藏者的青睐,甚至被称为"标准矿物"。国外黑钨矿好晶体很难得到,有记录的最大一块晶体约13厘米,而我国江西、湖南、广东等省的矿区,超过15厘米的黑钨矿晶体很常见。部分在国外较少见的矿物如烟晶(茶晶),而在我国从西南到西北均有分布。绿色和蓝色的萤石在西方国家不多见,我国则很普遍,湖南上堡矿的晶洞中产出数十至上百吨的绿色萤石晶体。

近年来,观赏石常已出现在一些重大国事活动中。如1988年汉城奥运会上,雨花石被中国体育代表团推选为"幸运石",作为我国最好的赏石存放于奥运村中。1999年澳门回归庆典活动时,重庆市赠送给澳门地方政府的礼品便是一方名为"三峡百年情思"的大型三峡石,出自巫山县。1998年美国总统克林顿游览桂林漓江时,桂林市旅游车船总公司向他赠送了一方广西赏石名品"还珠洞"。

二、我国观赏石发展的趋势

随着人们物质文化生活水平和审美观念的提高,对观赏石的需求和收藏不断提高,观赏石从业人员迅速增加,新石种大量发掘,观赏石会展规模越来越大。无论是新石种的不断发掘、精品观赏石档次的提升,还是观赏石理念的更新、文化内涵的丰富,都已呈现出多元化的趋势。

同时,在生活节奏更快、竞争力更加激烈的时代,人们在紧张工作之余,将追求更加丰富多彩、健康向上的生活情趣,赏玩天然造就的奇石异矿正好适应了当代人的这种心理状态。赏石文化已呈现全面发展的态势,理论研究有新的突破,赏石理念也有较大的转变。具体表现在:

(一)观赏石的发展已有相当的规模和较专业的水平

近年来,由政府相关部门主办、企业及企业家等资助协办的高规格的大型石展相继在各大城市成功举行。每次石展的参展商及参观者都屡创新高,交易量与交易额逐年攀升。同时石商及赏石者的专业水平也愈来愈高。

(二)新的赏石观的形成

除传统的"皱、漏、透、瘦"的赏石观外,随着时代的发展,人们更注重奇石的"质、形、色、纹"等评鉴特征。特别值得一提的是,从1995年开始至今,广西红水河的大化石、彩陶石、来宾石以及摩尔石等新的主打石种几乎占据了奇石市场的半壁江山。近年来,内蒙古的玛瑙石也成为市场的新宠儿。

(三)观赏石的市场及经济价值突显

随着赏石文化的不断发展及赏石爱好和收藏者人数的激增,奇石的市场规模越来越大,奇石的经济价值越来越高。

(四)各地观赏石协会的成立及赏石市场的涌现

伴随着赏石文化的深入发展,各地相继成立了赏石协会,为赏石收藏者和爱好者提供了一个交流、鉴赏和分享的平台。协会定期或不定期举办的各种形式的赏石活动促进了石友间的联系和协作,为石文化的发展起到了极大的促进作用。同时,赏石市场在各地也相继涌现。目前几乎所有的大中型城市都有规模不等的赏石市场。特别是2010年长三角赏石联谊会的成立,使长三角地区的赏石协会、石商、赏石爱好者能更加紧密联系,共同发展,为石文化的进一步发展增添活力。

特别值得一提的是,内蒙古的阿拉善奇石街已经成为奇巧、玲珑的戈壁石的最大交易市场,吸引了成千上万国内外的赏石者来观赏、交流和购买。阿拉善已经成为晶莹剔透的戈壁玛瑙石的代名词。

(五)观赏石专业报刊及网站的成立推动了观赏石文化的发展

现代互联网技术突飞猛进的发展,对观赏石文化的发展起到了不可估量的推动作用。例如《中华奇石报》、中华奇石网、《海上藏石》等一批有影响的赏石报刊的创刊和网站的开通使观赏石收藏者与爱好者能够进行及时交流,为弘扬石文化、加强石文化交流,开拓奇石文化新天地发挥了积极而深远的作用。

复 习 题

一、名词解释

1. 花石纲   2. 五大名石   3. 三大名玉   4.《云林石谱》

二、简答题

1. 简述我国观赏石发展的历史阶段及各阶段的主要特点。
2. 简述我国观赏石发展的趋势。
3. 简述米芾在《园石谱》中所提出的评鉴太湖石的主要原则。
4. 简述杜绾所著的《云林石谱》的主要特点。

三、思考题

1. 20世纪80年代以后我国观赏石的发展与传统观赏石发展的主要区别。
2. 我国历史上所发生的有关太湖石的"花石纲"历史事实。

第二章　观赏石的概念及基本类型

本章提要

本章主要介绍了观赏石的基本知识。包括观赏石的概念、观赏石的分类、观赏石的评价标准、观赏石的产地及分布。观赏石的概念有广义和狭义之分。通常所说的观赏石是指狭义观赏石。它与广义观赏石的区别在于狭义观赏石的可采集性。广义观赏石除包括宏观的自然景观外，还包括显微镜下能观察到的微观世界。根据观赏石产出的地质背景、形态特征及所具有的意义将观赏石分为六种类型。

第一节　观赏石的概念

观赏石又称雅石、供石、石玩、珍石、奇石等，包括奇特的化石、矿物晶体和岩石等。具有独特的形态、色泽、质地、纹理，同时具有观赏、收藏及科研价值。

观赏石在韩国称寿石，印尼、日本和我国台湾地区称雅石，我国大陆自古以来称其为供石、石玩、案石、几石等。

目前，关于观赏石的概念尚无统一的定义。有人提出观赏石定义为：观赏石是自然界中具有审美价值和文化内涵的供人把玩的自然矿物集合体（刘志成，2004）。根据袁奎荣教授等专家多年对观赏石地质的研究和实践，将观赏石定义为广义观赏石和狭义观赏石（袁奎荣等，1994）。

一、广义观赏石

广义观赏石是指凡具有观赏、玩味、陈列、装饰价值，能使人感官产生美感、舒适、联想、激情的一切天然形成的石体。它不受大小、存在形式、地理位置的限制,包括宏观的地质构造(如桂林象鼻山、骆驼山、杭州飞来峰、黄山飞来石等)和借助于显微镜观察到的五彩缤纷的微观世界。

二、狭义观赏石

狭义观赏石系指天然形成的具有观赏、玩味、陈列和收藏价值的各种石体,包括一般未经琢磨而直接用于陈列、收藏、教学或装盆、造园的岩石、矿物、化石和陨石等(袁奎荣等,1994)。袁奎荣提出观赏石的8个特点:

(1) 天然性。观赏石通常是浑然天成且保持天然产出状态。

(2) 奇特性。观赏石在色彩、形态、质地、纹理、图案、内部特征等方面往往表现出妙趣横生或生动形象等特点,成为新、奇、美、异、独、特的奇矿异石。

(3) 稀有性。物以稀为贵。有些观赏石(化石、矿物晶体等)很漂亮,但产量多了就不稀奇了,如前几年,我国的黑钨矿晶体(单晶或晶簇)在国际市场上走俏,自从葡萄牙、墨西哥等地发现大量晶形完整光泽好与水晶等共生的黑钨矿晶体后,我国黑钨矿晶体价值明显下跌,市场竞争力锐减。再如海蓝宝石,前几年市场行情看好,但自从巴基斯坦发现晶体完整、粗大、透明的海蓝宝石矿石,国际市场上海蓝宝石价格每况愈下,不再奇货可居。观赏石只有独一无二,罕贵难求者,才能在国际市场上独领风骚。如贵州产的贵州龙,湖南产的雄黄和香花石等,一直是博物馆、陈列馆、藏石家们的抢手货。

(4) 科学性。某些观赏石包含深奥的科学道理,反映某一阶段的科学事件,具有重要的科学研究价值,如陨石、南极石等。目前,国际上对收集陨石具有深厚的兴趣,并用某些陨石制作各种高档制品。

(5) 艺术性。观赏石能够给人回味,产生美感、联想和激情,从赏石中陶冶人们的情操,提高美学水平。如一块月亮石和一块美女石组合在一起,就会给人嫦娥独居月宫伴清寒的联想,想到嫦娥奔月的美丽传说。

(6)可采性。所有观赏石都应能采集于自然界中,并用于室内收藏、陈列与装饰或玩赏于股掌之间。自然景观与观赏石有许多共同之处,两者判别标准是块度大小。一般而言,是依据能否整体移动作为两者的分界。凡是能够整体移动的天然形成的石质艺术品属观赏石,否则列为自然景观。

(7)区域性。某些观赏石代表了浓烈的地方特色、地区风格。如南京雨花石、江苏太湖石、西北风棱石、西南钟乳石、宜昌三峡石等。

(8)商品性。观赏石作为一种特殊的矿产资源,同宝玉石一样,是国家的财富。它可以直接或间接产生经济价值,具一般商品的特性,如著名的雨花石年产值达千万元以上。美国每年度举办的图桑展销会实际上就是观赏石交易会。

第二节 观赏石的基本类型

观赏石是在自然界中形成的、有观赏价值的天然艺术品。它能使人百看不厌,并能引人思索,给人启迪。因而具有一定的观赏价值、经济价值和收藏价值。赏石艺术在我国源远流长,历史悠久,但限于诸多历史原因并未得到顺利发展。随着我国改革开放的深入,各种领域里新的思潮和文化氛围,给赏石者又重新注入了活力。到目前为止,有关观赏石的分类,因分类依据的不同,而有不同的分类方案:

一、依据观赏石产出的地质背景、形态特征及所具有的意义分类

依据观赏石产出的地质背景、形态特征及所具有的意义,袁奎荣等(1994)将观赏石分为如下几种类型(本书采用此分类方案):

(1)造型石。通常是指一些造型奇特的岩石、矿物,以其婀娜多

姿的造型为特色,求形似,赏其貌。造型石是最常见的类型,如江苏太湖石、安徽灵璧石、西南钟乳石等。这类观赏石主要是在风化溶蚀作用下形成的奇形怪状的岩石。其次是风成造型石,它是经过长时期风沙的吹蚀,岩石的软弱部位被吹掉,保留了坚硬部分。如有些玛瑙、碧玉等坚硬岩石也被吹成奇形怪状、表面光滑、外形美观、不可多得的造型石,如西北风棱石。此外,还有火山熔岩形成的造型石,如火山弹、梅花石、牡丹石等。

(2) 纹理石(图案石、画面石)。以具有清晰、美丽的纹理、层理或裂隙和平面图案为特色。求神似,赏其意,如南京雨花石、宜昌三峡石、兰州黄河石、柳州红河石等,这类观赏石的着眼点是岩石上的纹理、图案,岩石上的纹理主要是成岩时期原生的,或岩石受矿液浸染形成的,如一些文字石是岩石中方解石、长石或石英等细脉形成的。如文字石"中华奇石"。

(3) 矿物晶体观赏石。多产于内生矿床中,它以美丽的色泽、质地优良的矿物单晶、双晶、连晶、晶簇或稀有品种的微小晶体受到国内外人们的喜爱。如辉锑矿、辰砂、雄黄、雌黄、水晶晶簇、冰洲石、方铅矿、黄铁矿、石榴石、萤石、绿柱石、电气石和香花石等。

(4) 生物化石观赏石。指完整清晰和形态生动的动植物化石。主要产于页岩、板岩等沉积岩中,如三叶虫、鱼化石、恐龙蛋、珊瑚、硅化木、海百合等。

(5) 事件石。指外星物质坠落、火山、地震等重大事件遗留下的石体,或在某历史事件中有特殊意义的石体。如陨石、火山喷发形成的火山弹等。

(6) 纪念石。指与历史事件、人物活动有关的具特殊纪念意义和科学价值的石体。如蒲松龄收藏过的灵璧石,中美建交时尼克松赠给毛泽东的月岩标本,孙中山、朱德、沈钧儒、郭沫若等收藏过的砚台或雅石等。

(7) 文房石。指质地细腻或形奇色怪有一定实用价值的石体。如端砚石、鸡血石图章、蝙蝠石和印章石等。我国文房石的开发有悠久的历史,自成一体。有人认为文房石不应归属于观赏石之列,因此该类型属于目前有争议的观赏石,本书暂且将文房石不纳入观赏石之列。

二、依据观赏石产出特征分类

依据观赏石产出特征,李饶(1990)把观赏石分为3类:

(1) 岩石造型类。

① 地表风蚀作用为主形成的奇特造型。这类造型如泰山的雄姿、华山的险峰、黄山的"飞来石"、内蒙的"风棱石"等。

② 由海蚀、河流冲刷作用形成的自然造型。这类造型如南京雨花石、山东长岛鹅卵石等。

③ 淋积作用形成的自然造型。这类造型如石灰岩溶洞中的石钟乳和石笋,青海盐钟乳,广东孔雀石等。

④ 火山喷发形成的岩石造型。这类造型如流纹岩、安山岩和玄武岩等。

⑤ 沉积形成的有观赏价值的纹理岩造型。这类造型如湖南武陵石英砂岩奇峰,北京景忠韵律石等。

⑥ 天外来客。这类造型如陨石等。

(2) 矿物晶体类。

① 以石取贵。以石取贵即矿物晶体本身具宝石价值或属我国独特的贵稀品种。如多色电气石、海蓝宝石、辰砂、辉锑矿、方解石、雄黄、雌黄晶簇等。

② 以色、形、巧、奇或组合惊人而取胜。矿物本身并不名贵,难得的是各具特色的晶形。如萤石、黄铁矿晶簇、玫瑰花状的蓝铜矿和绿色丝绒般的孔雀石集合体等。

③ 特别奇特罕见的含液体、气体、固体包裹体的矿物晶体。这类晶体如水胆水晶、水胆绿柱石晶体等。

(3) 有观赏价值的古生物化石类。

① 珊瑚类化石。这类化石如鞋珊瑚、蜂窝珊瑚等。

② 腕足类化石。这类化石如中国石燕、鸽头贝等。

③ 节肢动物中体态较大者。这类化石如三叶虫等。
④ 完整的笔石化石。
⑤ 软体动物中的菊石化石。
⑥ 单体完整的鱼类化石。
⑦ 古人类化石及古脊椎动物化石。这类化石如北京猿人、蓝田猿人和恐龙、乳齿象等。
⑧ 有观赏价值的植物化石。如硅化木等。
⑨ 动物遗迹化石。如恐龙蛋和鸡头龙的皮肤化石等。

三、依据观赏石成因分类

依据观赏石成因,宋魁昌(1991)把观赏石划分为8类:
(1) 沉积、变质、岩浆作用形成。

包括纹理石、版画石、菊花石、花纹大理石、幔岩包体、火山弹、眼球状片麻岩等。

(2) 结晶作用形成的绚丽晶体或晶簇。

包括水晶、萤石、石膏、多色电气石、辉锑矿、辰砂、锡石、雄黄、天青石晶体或晶簇、含金红石或电气石包裹体的石英、水胆水晶、水胆玛瑙等。

(3) 各种成矿作用形成的矿物组合美妙、结构构造奇特的矿石。

包括自然金、自然银、自然铜、孔雀石及晶洞状、伟晶状、皮壳状矿石。

(4) 风蚀、海蚀、河蚀形成的砾石或各种形态的奇石。

包括雨花石、灵璧石、英石、微型风蚀蘑菇石等。

(5) 地下水溶蚀、淋滤作用形成的怪石。

包括太湖石、昆山石、奇特钟乳石等。

(6) 动植物化石及动物遗迹化石。

包括鱼、珊瑚、菊石、腕足类化石、包含有昆虫的琥珀、团藻灰岩、硅化木等。

(7) 构造作用形成的构造岩。

包括特殊的角砾岩、被颜色鲜明矿物充填的碎裂岩。

（8）天外来客。

包括陨石、月岩、雷公墨等。

第三节　观赏石的一般评价标准

评价和欣赏观赏石是高尚的艺术审美活动，观赏石能美化人们的生活，陶冶人们的情操。观赏石强调其独特的形态、色泽、质地、纹理，观赏石之所以既雅又趣，深受民间玩石者的钟爱，主要在于观赏石的美和深远的意境。观赏石除色、形、纹、质外，还表现为艺术美和抽象美。观赏石之美大致分为色彩美、形态美、神韵美和装饰美四种，又以神韵美为核心。观察和研究观赏石要具有艺术修养和地学知识，要富于想象，善于发现，所以有观赏石的收藏者曾提出赏石是一种"发现艺术"的论断。

观赏石的评价比较复杂。一方面由于观赏石本身的种类繁多、质量不一，目前还没有统一的评价标准；另一方面也由于人为因素较重，变化也较大，不同的评估者往往由于本身所从事的专业不同或审美观点和要求各异，对同一块观赏石的评价可能有很大的差异。故观赏石的评价应该既有统一而概括的普通标准，也有按不同类别同类对比的评价标准。

评估观赏石除需要具备一定的文学艺术修养和地学基本知识外，还需要渊博的历史知识和丰富的想象力。评估每一块石头都要从上到下，从正到反，"石看六面"，从不同角度来认真搜索，反复琢磨，仔细推敲观察，寻找与石头形状、画面、色调有关的人物典故、神话传说、诗词、花草虫鸟、动植物以及现实生活中的词汇妙语，一个新的突然的发现可以使一块石头顿时身价百倍，再配上一个构思巧妙的底座，更能与奇石相映成趣，从而锦上添花。因此前人提出的"一块观赏石的发现、采集、题名、配架及收藏的全过程可以说是一种发现艺术和艺术创作过程"已普遍被人们所认可和赞许。

根据我国传统赏石的评鉴标准，结合我国当代的赏石审美实践，以体现具有中国民族特色的赏石审美理念为出发点，2004年第三届柳州国际奇石节确定的赏石评价审美标准为：

外观：形、色、质、纹、配座

内涵：神、象、命题

外观

形：天然造型，（图像）难度大、理想度及完美度高；

色：色彩或艳丽、或古朴、或清雅，色象清晰、色泽明快；

质：质地优、质感佳；

纹：纹理清晰、纹象自然、流畅、明快、有韵律感；

配座：以石为主，座衬托石，石座和谐。

内涵

神：传神、神韵；

象：品象（意象、抽象）、意象（品象之意蕴）；

命题：贴切、文化内涵、寓意、哲理、人格象征。

以上几点为评价观赏石的一般标准，然而，对观赏石的评价其实受很多因素的影响，这些因素包括：个人爱好、文化修养、年龄、民族甚至宗教信仰。不同阅历及文化素养、宗教信仰的人会对同一块观赏石有其自身的理解和评判。因此，观赏石重在"赏"。其实质是赏石者个性、文化、阅历的具体反映。

观赏石是大自然馈赠人类的天然艺术品，是人类宝贵的物质财富之一。大自然的鬼斧神工造就了美轮美奂、千姿百态的奇石，带给人们崇高的精神和艺术享受，不仅美化、装饰了人们的生活，更陶冶了人们的情操，拥有一块钟爱的奇石是许多人的梦想。

第四节　我国观赏石的分布

我国地域辽阔，观赏石资源丰富，是观赏石产出大国。由于各地域的地质条件不同，或者有些差异，因此各地所产的观赏石的品种既有共性，但又有各自明显的特征。现将各地的主要观赏石品种介绍如下：

广西：大化石、马安彩陶石、摩尔石、贺州黄蜡石、三江彩卵石、三江黄蜡石、来宾石、天峨石、都安石、柳州彩霞石。

广东：潮州黄蜡石、阳春孔雀石、花都菊花石。

湖南：浏阳菊花石、排碧乡穿孔石、水冲彩硅石、矿物晶体观赏石及古生物化石。

湖北：三峡石、黄石孔雀石、玛瑙、汉江石、绿松石、古生物化石。

河南：河洛石、嵩山画石。

福建：九龙璧寿山石。

浙江：鸡血石、青田石、锦纹石、天竺石。

江西：庐山菊花石。

江苏：太湖石、雨花石、昆山石、栖霞石。

安徽：灵璧石、吕梁石。

山东：崂山绿石、竹叶石、紫金石、淄博文石。

河北：承德菊花石、模树石、曲阳雪浪石、邢台竹叶石、涞水云纹石、太行豹皮石。

北京：京西菊花石、轩辕石、金海石、房山太湖石。

内蒙古：葡萄玛瑙、巴林石、沙漠漆、红碧玉、黄碧玉、绿碧玉、硅化木。

东北：松花石、岫岩玉、玛瑙石和古生物化石。

陕西：汉江石、菊花石、蓝田玉和秦岭石。

甘肃：兰州黄河石、敦煌石。

宁夏：黄河石、宁夏玛瑙石、贺兰石。

新疆：风棱石、硅化木、彩玉石。

青海：河源黄河石、青海丹麻彩石、青海桃花石。

四川：涪江石、金沙江石、长江芙蓉石、泸州石、岷江石、长江绿泥石。

贵州：贵州青、乌江石。

云南：大理石、金沙江石、古生物化石。

台湾：龟甲石、台东梅花玉、绿泥石、花莲的软玉、台湾玫瑰石、关西梨皮石。

复 习 题

一、名词解释

1. 观赏石　　　　　2. 造型石　　　3. 纹理石
4. 矿物晶体观赏石　5. 事件石　　　6. 纪念石

二、简答题

1. 简述观赏石的一般特点。
2. 简述观赏石与宝玉石及工艺品的区别。
3. 简述观赏石与自然景观的区别及判别标准。
4. 简述观赏石的分类依据及其分类（袁奎荣，1994）。

三、思考题

1. 有关观赏石的分类依据及类型划分的不同观点。
2. 观赏石的一般评价标准。
3. 我国观赏石资源的分布。

第三章　造型石观赏石

本章提要

本章主要介绍了造型石观赏石的种类和每种造型石的基本特征。主要介绍了我国传统的造型石观赏石的几种品种,如太湖石、灵璧石、英石、昆山石、石钟乳等,详细地介绍了它们的岩石矿物特征、成因、观赏开发和收藏的历史、分布、鉴赏标准等。同时,介绍了目前造型石观赏石的相对较新的品种:风棱石、沙漠漆、菊花石、梅花玉、牡丹石、葡萄玛瑙、丹麻彩石、姜石等。

造型石观赏石是我国石文化中历史最悠久、理论体系最完善的一类。造型石观赏石包括传统的太湖石、灵璧石、英石和昆山石等类型。除此之外,本章还介绍了几种象形类造型石如菊花石、洛阳牡丹石、梅花玉、石钟乳和葡萄玛瑙等。造型石主要是在各种地质作用(包括溶蚀作用、风蚀作用、淋积作用、火山作用、构造活动等)下,由岩石、矿物等形成的奇形怪状的石体。以各种奇特的造型为特色。观赏者和收藏者往往追求其形似,注重外部自然特征。

由于我国不同地区地质条件的差异,造型石往往表现出鲜明的地域特色。

第一节　太湖石、灵璧石、英石、昆山石

一、太湖石

太湖石是指产于环绕太湖的苏州洞庭西山、宜兴一带的石灰岩,因产于太湖地区而得名,又称"洞庭石"。主要产地为太湖地区的禹期山、鼋山和洞庭山。太湖石是由古生代碳酸盐岩石风化而成,是中

国园林观赏石中最具代表性的石种。

（一）太湖石的种类及特征

太湖石依据其地质成因和产出环境，可分为水石与旱石两种，而以水石为贵。

水太湖石。存在于河流中的太湖石长期被水流冲刷、搬运，石体表面光滑圆润、细腻，四面玲珑，嶙峋俏丽，玲珑秀美。

旱太湖山。产于山脉中的太湖石，粘而不润，棱角分明。石质较水石枯涩。缺乏婉转灵秀之美。以白色居多，少有黑、黄、红色。以苏州西山风景区或宜兴地区所产为佳品。

除太湖地区外，广东的英德、山东的临朐和北京等地均有太湖石产出。

（二）太湖石的成因

太湖石的岩性属于石灰岩，硬度相对较低，抗风化和腐蚀作用的能力较弱，因此石灰岩长期经受波浪的冲刷、含有二氧化碳的水的溶蚀以及风的吹蚀，在漫长的年代中，逐渐形成奇巧通透、婀娜多姿的太湖石。

（三）著名太湖石品种赏析

目前比较著名的太湖石是被称作"江南三大奇石"的"冠云峰"、"玉玲珑"、"绉云峰"。

冠云峰：现存放于苏州留园内，因石顶高耸，四周伸展如冠状，故名"冠云峰"。石高6.5米，清秀挺拔，集太湖石的透、皱、瘦、漏的特点于一体，尤以瘦为典型，峰顶似鹰飞扑而下，峰底若龟头昂首，呈"鹰头龟"状（图3-1），有江南园林峰石之冠的美誉，冠云峰相传为宋徽宗时期花石纲的遗物之一，已列入1980年"苏州园林——留园"

图3-1 冠云峰

第四枚特种邮票中。

玉玲珑：现置于上海豫园内玉华堂前，高约4米，俏丽精致，石上有72个孔穴（图3-2），《上海县竹枝词》记载，"玉玲珑石最玲珑，品冠江南窍内通。花石纲中曾采入，幸逃艮岳劫灰红。"

图3-2 玉玲珑

图3-3 绉云峰

绉云峰：产于广东省英德县，1963年从广东移至杭州供置，现置于杭州西湖风景区。石高达2.6米，中部最窄处仅0.4米，色泽青黑，褶皱细密，"形同云立、纹比波摇"（图3-3），体态秀润曲致，迂迴峭折，极具瘦、皱之美，是"瘦"的典型，为石中之精品。

瑞云峰：为宋徽宗"花石纲"的遗物，现存于苏州市第十中学内。峰高5米余，宽逾3米，形同巨掌，嵌空玲珑，褶皱相迭，如云奔浪涌。极具漏、透、皱之美姿，是"透"的典型，向有"奇巧甲于天下"之美誉（图3-4）。它曾被国民党元老李根源品评为"苏城四绝"之一。

图3-4 瑞云峰

此外,苏州狮子林有著名的"湖石峰",常熟市人民公园有"沁雪石"。石高3米,最宽处约1.5米,其状舒展如云,表面如水浪相叠,又像雪压琼枝,既有自然美,又有雕塑美的形态,令人赞叹。

(四)太湖石的评价

北宋时期书画家米芾在他的《园石谱》中就提出了评鉴太湖石的"瘦、皱、漏、透"标准。传统太湖石的评价标准一直沿用至今。邹进福等(1994)对此标准的解释为:

瘦。是指石的体态苗条多姿,有迎风玉立之势;或者说石体挺拔俊秀,线条明晰。

皱。指石体表面多凹凸,高低不平,阳光下出现有节奏的明暗变化。

漏。指石体具大孔小穴,上下、左右、前后孔孔相套,八面玲珑。

透。指石体玲珑多孔,石纹贯通,具有"纹理纵横,笼络隐起"。

除传统太湖石的评价标准外,现代赏石者又提出了另外"四字"的评价标准,即:

清。指太湖石具有阴柔秀丽之美。

顽。指太湖石具有坚烈阳刚之美。

丑。指太湖石具有愚拙奇异之美。

拙。指太湖石具有浑朴敦厚之美。

值得指出的是,太湖石评价标准不仅适用于江苏太湖石,而且对象形类观赏石(如灵璧石、英石、昆山石等)也都适用。

二、灵璧石

(一)概述

灵璧石是一种致密细粒石灰岩,其颗粒大小(粒径)为 $0.01\sim0.018$ 毫米,近似等粒。矿物成分主要是方解石,还有少量的白云石和黄铁矿及铁的氧化物。方解石主要以细脉状环绕石体,结晶程度高。岩石结构为显微粒状镶嵌结构,结构致密,颜色丰富,以黑色、灰黑色为主,也有白色、赭色、黄色以及五彩色等。灵璧石体态瘦、透、漏、皱等,敲击会发生金属般类似八个音符的声音,故又称为"八音石"(图3-5)。它与英石、太湖石、雨花石同被誉为"中国四大名石"。

图3-5　灵璧石

灵璧石因产于安徽省灵璧县而得名。灵璧县东北部绵延十几座山脉中都产有灵璧石,其中又以磬云山之灵璧石最为著名,远在三千年前的殷代就被人们发掘并用于制作当时重要的乐器——特磬,因此又被称为"磬石"和"八音石"。此石黑亮如漆,石质细腻润滑,且叩之有声,音韵悦耳动听,为灵璧石之珍品。石质坚硬,声如青铜。其色墨而有光泽,间有白脉,独具灵璧石的特殊气质和魅力。清代皇帝乾隆御赐灵璧石为"天下第一石"美誉。

(二)灵璧石的品级鉴赏

灵璧石作为我国传统的观赏石品种之一,备受古今中外赏石界的喜爱。对灵璧石的品级评价除传统的瘦、皱、透、漏的标准外,还应从其质、形、色、纹等方面来评价。

质。指灵璧石的质地,好的灵璧石质地细腻、温润,具有玉石的品质,长期把玩抚弄的灵璧石其质地要比新的灵璧石的质地要细腻、温润得多。

形。指灵璧石的形态。灵璧石中的象形石以动物类为最多,如一灵璧石外形酷似虎、狮、马、羊、狗等吉祥物则价值很高,其次为山形。

色。指灵璧石的颜色。颜色以纯黑色为最好,五彩灵璧石如质地细腻,造型逼真也是上品。

纹。指灵璧石的纹理,纹理以粗、深的刀砍纹为上品,纹理清晰、黑白色相间,变化无穷,令人回味。

总之灵璧石的鉴赏是一个统一的各因素的综合评价的过程,强调"赏",即发挥观赏者的主观能动性和抽象思维能力,理解、揭示灵璧石的意义、内涵和神韵。

(三) 灵璧石的鉴别、收藏与保养的方法

1. 灵璧石的鉴别

灵璧石除了从形、质、色、声等方面进行真伪辨识外,还可从以下三点鉴别:

(1) 观察是否存在石根。一般而言,天然的灵璧石均有黄色碳酸钙附着在石根上,大小因石体的体量而不同。小的天然灵璧石即使没有明显的石根,也会有深浅不一的灰色硬质砂皮存在于石体的背面,与石体颜色反差明显。

(2) 观察石体纹理的走向。一般石体均有白色或黄色的方解石细脉(纹),天然石体上的石纹自然清晰流畅,而且贯穿整个石体,很少有间断。因此石纹的完整与否是判断天然形成还是人工雕琢的有用标志之一。

(3) 听弹敲音。由于灵璧石属于石灰岩,摩氏硬度4~7,磬石在6度左右,所以用金属轻轻弹敲,可听到悦耳清脆的声音,古代制磬和所谓的"八音石",就是磬云山产的灵璧磬石,如没有声音发出,就要考虑其真伪了。

以上三点是辨别灵璧石真伪的一般标准。但是随着灵璧石做假手段的不断改进,辨别真伪的技术,也需要不断地提高。

(四) 灵璧石的收藏与保养

一块好的灵璧石如果收藏和保养的方法不当,会使灵璧石失去应有的光泽和神韵。因此灵璧石收藏和保养方法就显得非常重要。

1. 灵璧石的收藏

(1) 要不断地学习和交流。任何一个灵璧石的收藏大家,无不是从不断地学习和与同行的交流中不断地提高自己的认识和评鉴水平的。甚至有许多人都有不同程度的上当受骗的经历,"吃一堑,长一智",正是这种不断学习,不断交流的过程使收藏者对灵璧石的收藏有了深切的了解并逐渐形成了自己的独特的评鉴标准,这是任何人都无法改变的。学习和交流其实也是赏石的一个重要方面。

(2) 要尽可能多地参加石展。每次石展给收藏者带来了很大的接触灵璧石的机遇。每次石展给收藏者留下的印象各不相同,见到的各种品质灵璧石的情况也各不相同,从石展上获取第一手的、直接的经验是其他方法所无法替代的。

(3) 精品原则。在不断学习、交流和参加各种石展的基础上,收藏者已积累了大量的有关灵璧石的基本知识,接下来便可着手购买收藏,宁缺毋滥,搜寻精品为第一原则。只有精品才具有收藏和升值潜力。

2. 灵璧石的保养

(1) 适当的处理

包括将灵璧石刷净、去污,但并不是打磨和精做。冲刷以不损伤石体的石肤为原则。

(2) 每日的保养

每日的保养包括用手掌或干净的擦布对石体进行反复地擦拭,最好是经常用手掌对藏品进行"抚摸",久而久之便在石肤表面形成了一层深厚、黑亮的自然厚重的包浆,使藏品更显雄厚、稳重,更具收藏价值。

(3) 底座稳妥

精品石都应配有精美的底座,底座最重要的是要稳妥、牢靠。安全的底座是精品石的价值保障,不可忽视。

三、英石

英石又称英德石、英德太湖石,因产于广东英德县(现英德市)而得名。英石为我国古代的四大名石之一。

明代造园家计成在《园冶》中详细记载了英石的产地和特征：英州含光、真阳县之间，石产溪水中，有数种：一微青色，（间）有通白脉笼络；一微灰黑，一浅绿，各有峰、峦，嵌空穿眼，宛转相通。其质稍润，扣之微有声。可置几案，亦可点盆，亦可掇小景。有一种色白，四面峰峦耸拔，多棱角，稍莹彻，而面有光，可鉴物，扣之无声。采人就水中度奇巧处凿取，只可置几案。

图3-6 英石

广东英德所产出的英石岩性属石灰岩，该地区岩溶地貌发育，山石较易溶蚀风化，形成嶙峋褶皱之状。兼之日照充分、雨水充沛，暴热暴冷，山石易于崩落山谷中，经酸性土壤腐蚀后，呈现嵌空玲珑之态。英石以灰黑色为多，间有白色，与灵璧石之成分和成因相同。石质坚硬，体态嶙峋，棱角纵横，纹理细腻，具天然的丘壑皱，线条曲折多变（图3-6）。"瘦、皱、漏、透"固然是评价英石的标准，但体态丰满、润泽者也可成为欣赏佳品。质坚而脆，扣之有共鸣声者为佳。

英石大块者可用作造园的材质，或单块竖立或平卧成景。小块而峭峻者常被用以组合制作山水盆景。小巧玲珑、质量特佳且有奇特造型者可作为案头摆设。有的在黑色的石灰岩上还可出现白色石英质细脉和斑块，甚至还含有生物化石，颇具观赏价值。

英石传统上常用于制作供石。除此以外，还广泛用于制作山石盆景、假山等，岭南园林的假山、盆景多取于此。英石以中小型为主。

四、昆山石

昆山石又称昆石，因产于昆山市的玉峰山而得名。它与太湖石和雨花石被誉为江苏省著名三大观赏石。昆山石形态姣小，备受人们喜爱，其色白多窍、峰峦嵌空，质地似玉，玲珑秀美，故又称为玲珑石或巧石(图3-7)。

昆山石的岩性主要是白云岩(碳酸钙和碳酸镁),是距今5亿年前的寒武纪海相环境中白云岩和与之有关的热液作用的产物。在一块昆山石上时常可以看到后期硅质溶液沿白云岩裂隙、空洞贯入形成的水晶晶簇,似雪花点缀,晶莹可爱,瑰丽奇异,大大提高了昆山石的观赏价值。

图3-7 昆山石

昆山石的开采具有上千年的历史,昆山石曾受到历代文人雅士的亲睐。宋代诗人陆游有诗曰"雁山菖蒲昆山石,陈叟持来慰幽寂。寸根蹙密九节瘦,一拳突兀千金值。"

昆山石以雪白晶莹、窍孔遍体、玲珑剔透为主要观赏特征,有"鸡骨峰"、"胡桃峰"等十几个品种,其中以"鸡骨峰"最为名贵。鸡骨峰由薄如鸡骨的石片纵横交错组成,给人以坚韧刚劲的感觉;胡桃峰石表皱纹遍布,块状突兀,晶莹可爱。其他如"乌屎峰"、"石骨峰"等次之。玉峰山下东斋前面一对亭子中,耸立着两块古代开采的昆山石,"春云出岫"、"秋水生波",这是昆山石中的一对稀世珍品,可称为昆山石之代表。

第二节　风棱石、姜石、菊花石、洛阳牡丹石

一、风棱石

(一)概述

风棱石又称大漠石、瀚海石、风砺石、戈壁石等,因产于新疆、内蒙的大漠之中而得名,是我国西北地区特有的观赏石品种,主要分布于气候干旱的荒漠地区,是风对地面松散物中的石块吹蚀和磨蚀而

形成。其质地包括：碧玉、玛瑙、蛋白石、石英、玉髓等。颜色五彩缤纷,有乳白色、粉红色、淡黄色、漆黑色等。风棱石可作为有趣而又艰难生活的象征,有的造型奇特,皱、漏兼备,可与太湖石媲美;有的金石玉声,可与灵璧石相论。因此,近年来备受藏石爱好者青睐。

值得指出的是,赏石界所说的碧玉质风棱石不同于玉石界的碧玉。观赏石界的碧玉其实质是硅质岩石,而玉石中的碧玉则特指主要矿物成分为透闪石质的碧绿色软玉。赏石界的碧玉岩主要有红、绿、黄、黑等颜色,以绿碧玉和红碧玉为常见。碧玉岩一般而言多呈块状,形态变化不大。如能呈现奇特造型的多色碧玉,则价值不菲(图3-8)。如果同一块碧玉岩中能同时出现赤、橙、黄、绿、青、蓝、紫七种颜色,且色彩艳丽,则属珍品。往往是双色或三色共存于一石体中,这样的碧玉也很珍贵。

图3-8 碧玉质风棱石

(二)风棱石的形成

卵石或砾石在风的长期磨蚀作用下,形成光滑面,而且边棱清晰鲜明,这种石块称为风棱石。其形成是因为嵌在泥质物中的卵石由于泥质物被蚀去而裸露,其上部先受磨蚀,形成一个光滑面,后来由于风向的改变或卵石的翻转滚动,另一部分又受磨蚀形成另一光滑面,因此,在两个光滑面之间便形成一个明显的棱。类似的作用多次进行便形成了多棱。

(三)风棱石的分类

风棱石具有质地细腻、坚硬耐磨、造型生动、花纹奇特、色彩多样、玲珑剔透、意境深远、尺寸适宜、宜于观赏等特点。从观赏角度,邹进福等(1994)将风棱石分为造型石和纹理石两类。

1. 风棱石造型石

风棱石造型石以造型奇特见长,风棱石中绝大部分属于此类。

如有的风棱石造型像埃及金字塔;有的形似乌龟,憨态可掬,背上有龟板形六棱状凹坑;有的似小鸡;有的体态呈鱼形;有的似"人"字形,琳琅满目,美不胜收。

2. 风棱石纹理石

风棱石纹理石以各种花纹、纹理或不同色彩组成的动、植物图案、人像、文字、风景画等为特点,妙在似像非像,似是而非。这类观赏石的质地主要是玛瑙、蛋白石及具美丽花纹的各类岩石。

风棱石以其独特的造型、丰富的色彩可以与雨花石的纹理图案相媲美,尤其是作为一种艰难岁月的象征,近年来备受赏石者的关注。目前,风棱石已经在赏石市场上占据了重要的地位。风棱石以其奇特多变的造型、坚硬的质地和小巧玲珑等特点而深受观赏者和收藏者的青睐。特别是质地温润的玛瑙质、碧玉质风棱石最受人们的喜爱。

(四)风棱石的主要观赏特点

风棱石作为我国西北地区特有的观赏石品种,具有非常典型的鉴赏特征:造型奇特,质地细腻,棱角分明,气势雄伟,它是西北戈壁长期风、沙吹蚀作用的产物,是苍桑岁月的结晶。有的石体表面已经碧玉化,细腻温润。而且长期的风蚀作用使石体中沟壑纵横。有的则酷似巍巍昆仑,气势磅礴,山体层峦叠嶂。因此,风棱石作为苍桑岁月的象征,具有很高的观赏和收藏价值。而且风棱石的市场价格逐年攀升,具有广阔的市场前景。

二、姜石

(一)姜石的地域分布

姜石主要分布于陕西、山西、云南、贵州、广东、广西、河南、河北及福建、浙江沿海丘陵地区。

(二)姜石的特征

姜石外形多呈圆球形、扁豆形,也有呈板块形、弯月形、树枝形及植物生姜形,尤其是在黄土中常有似人形的姜石,俗称"姜结人"。云髻高耸、正襟危坐,酷似温文尔雅的古代贵妇的"姜结人",在姜石中可能只有万分之一,实属珍奇难得。姜石大小不等,由几毫米至数十毫米,也有成巨形姜石,尺寸达1米以上。由于形象千奇百怪,又富于北方色彩,人们十分喜爱并成为观赏石品种之一。

姜石的颜色表里不一。表面常为褐色、黄色、褐黄色,而内部常呈浅灰、灰白、浅褐黄和黑色。

1. 姜石内部结构特征

姜石内部呈同心圆状结构,亦有放射状、窗格状、胶状。

2. 姜石矿物成分与命名

姜石在地质学上称之为黄土钙质结核,其矿物成分主要是方解石,其次为石英、黏土矿物伊利石、蒙脱石、高岭石以及长石、白云母、褐铁矿、胶磷矿等。姜石如由某种矿物组成,则命名时这种矿物置于姜石之前,如方解石姜石、褐铁矿姜石。如果姜石含有两种或两种以上的矿物,在命名时按照主要矿物置前、次要矿物置后的原则,如石英方解石姜石。

三、菊花石

(一) 概述

菊花石是我国特有的一种观赏石,通常是指在黑色基底上有白色形似花瓣组成菊花状的岩石,岩石学上属沉积成因的碳酸盐岩(吴国谋,1999),赋存于2.7亿年前二叠纪早泥盆世下部地层中。它是由天然的天青石($SrSO_4$)或方解石($CaCO_3$)矿物构成花瓣,花瓣呈放射状对称分布组成白色花朵;花瓣中心由近似圆形的黑色燧石(SiO_2)构成花蕊,形似盛开的菊花,故名菊花石(图3-9)。菊花石的基底为灰岩或硅质灰岩,灰岩中偶尔含有蜓类、腕足类及珊瑚化石,给菊

图3-9 菊花石

石增添了生命活力。菊花花瓣为多层状，立体感强，花朵大小不一，最大者直径30厘米，最小者3厘米，一般10厘米左右。花形各异，有绣球状、凤尾状、蝴蝶状等。白色晶莹的菊花，陪衬黑色基质岩石的底色，黑白分明，古色古香，偶尔点缀几个古生物化石，更显得生动奇特，故采来未加工的标本就颇受观赏石收藏家们的青睐，因它本身就是一幅天然美丽的图画。同时，菊花石千姿百态，花形盛开怒放，令人赏心悦目，加之石质细腻，硬度适中，易加工成各种工艺品，优雅高贵，是人们喜爱和收藏的珍品。

菊花石资源稀少罕见，目前世界上仅在我国湖南、湖北、陕西、江西等地有所发现，国外未见有报道。我国湖南浏阳在200多年前就发现了这种珍稀的工艺原料，直至现在开发利用，是我国最早开发、雕琢菊花石的工艺品基地。湖北菊花石产于恩施地区，又称三峡菊花石，发现于1987年，是国内菊花石的重要产地之一。1977年陕西地质工作者在陕西南部首次发现了与浏阳相同类型的菊花石原料，从而成为我国第二个菊花石原料基地。我国菊花石早已名扬四海，1915年在巴拿马万国博览会上评为"全球第一"美称，荣获金奖。

（二）菊花石的评价标准

邹进福等（1994）曾总结出菊花石的一般评价标准："花瓣"美丽，边界清晰；"花瓣"直径宜大不宜小，在基底上的分布错落有致、恰到好处；"花瓣"与基底两者间的颜色反差越大越好；基底要求质地细腻、牢固、无纹无裂等。

菊花石按其完整程度可分为三种（吴国谋，1999）：① 有花蕊、花瓣的菊花石。这是菊花石中的上品，花瓣为向四周散开的放射状，形态多样。花蕊呈圆形，位于花瓣中心。② 有花瓣无花蕊的菊花石，这种菊花石不如有花蕊和花瓣均有的菊花石品种。③ 无花形的菊花石。该品种为菊花石中的下品，呈似脉状、不规则状、星点状等散落在基底上。

（三）菊花石的产地

菊花石在我国各地均有产出，如湖南、湖北产由天青石矿物形成的菊花石，北京产出红柱石菊花石、新疆产出锂蓝闪石菊花石，广西、贵州产出电气石、方解石菊花石，柳州产出黄铁矿菊花石，云南玄武岩中产出斜长石菊花石等。主要的产地如下：

1. 湖南浏阳菊花石

浏阳菊花石产于浏阳永和镇浏阳河河底，相传发现于清乾隆年间，因附近有"蝴蝶岭"，故取名为"蝴蝶采菊"。其基底为灰黑色石灰岩和灰质板岩，其中"菊花"的花瓣是由放射状分布的方解石和天青石（$SrSO_4$）组成，花蕊是由近似圆形的黑色燧石构成，花朵大小不一，一般 5～8 厘米，花形各异，其中还常含有珊瑚化石及腕足类化石。其特点是"菊花"花瓣大，形象逼真，纹理清晰，界线分明，花瓣和基底颜色的对比度大。中华人民共和国地质矿产部将浏阳菊花石命名为"玉叠妃"。因其蕴量稀少，故又称为"全球第一"。1959 年湖南为向建国十周年献礼制作的"菊花石假山"，高 1.2 米，宽 40～60 厘米，重 400 千克，号称"菊魁"。现陈列于人民大会堂湖南厅。

2. 京西菊花石

京西菊花石产于北京西山红山口和房山周口店石炭系炭质板岩—红柱石角岩中，属接触变质产物。菊花石的"花瓣"是由束状和放射状灰白色红柱石矿物组成，花朵较小，中心常含炭质京西菊花石质地灰黑，疏松，工艺价值及品质不及湖南浏阳菊花石。

3. 宣恩菊花石

宣恩菊花石产于湖北宣恩，形成于中生代三叠纪，产出于碱性火成岩与石灰岩、白云岩的接触交代带。每朵菊花由小的燧石组成花蕊，周围方解石呈放射状排列为花瓣，嵌于紫蓝色的青金石中，有时见到白色方解石细脉的穿插和体态较大的生物化石如蜓类、腕足类、苔藓类等的点缀。宣恩菊花石娇美而奇特，其基底紫蓝而锃亮，质硬且细腻。据记载，宣恩菊花石冬显微湿，夏凉彻骨，哈气成雾，转而聚为水珠；石中生花，色若堆雪，形同嫩菊；日丽则泽艳，时阴而色暗；花冠直径小者寸许，大则盈尺。

4. 兴隆菊花石

兴隆菊花石产于河北兴隆县,是一种特殊的流纹岩。菊花是由长石、石英质的矿物(雏晶)和一些含铁和镁的矿物集聚在一起而构成,呈水滴状、枣核状、枣状和放射状分布。

5. 陕西石菊花

除1977年在陕西南部首次发现与浏阳相同类型的菊花石原料基地之外,1992年,又在陕西发现了一种特异的菊花石新品种。花朵呈圆形,白色或灰白色,花瓣为单层对称分布,周围基质岩石为黑色或灰黑色泥质灰岩。花朵排列有序,大部分与岩层层理一致。菊花花朵一般不大,直径3～4厘米,分布密集且均匀。

据刘克全等(1992)初步研究,这种新的菊花石是在中生代二叠纪晚期沉积物质未固结成岩时,由古树之花朵散落于沉积层中固结而成岩,该"菊花"属于古生物化石,应称之为石菊花。

6. 广州"广菊云"或"白云菊花石"

广州白云山一带分布的泥盆系变质岩区所产的"广菊云"或"白云菊花石",基底为油脂光泽的石英岩,"菊花"瓣为放射状分布的白色红柱石。

四、洛阳牡丹石

洛阳牡丹石因形似牡丹花而得名。其基底岩性为墨绿色辉绿岩,斑晶白色斜长石的细小晶体组成牡丹花的花朵。岩石摩氏硬度为6～7。并且含有稀有非金属矿物。其花色多为白色,少为粉绿,花形逼真,花瓣宽厚,图案清晰,妙趣天成。90年代初,因在洛阳的万安山中发现牡丹石,故命名为洛阳牡丹石(图3-10)。石体质地细腻,白色斜长石矿脉细小,组成的牡丹图案逼真,墨绿的底色与牡丹的白

图3-10 牡丹石

色花朵颜色对比强烈,因而具有很高的艺术价值、观赏价值和收藏价值。

在观赏石界,一谈到牡丹,人们自然会想到"洛阳牡丹石"。洛阳牡丹石自面世至今短短几年时间,已受到国内外收藏界的极大关注。今天洛阳牡丹已远销意大利、美国、日本、韩国和港台等地区,然而牡丹石因其矿脉细小,储量较小,开采困难,因此供不应求。但因其栩栩如生的牡丹花图案备受观赏者和收藏者的青睐,因此其市场前景非常看好。

第三节　梅花玉、葡萄玛瑙、石钟乳

一、梅花玉

梅花玉产于河南省汝阳县,又称"汝州玉"、"汝州石"。因其打磨之后,能呈现出美丽的梅花状图案或花纹而得名。梅花玉的岩性为黑色杏仁状玻基粗面岩,或称之为"遭受挤压及蚀变的杏仁状安山岩"。油脂光泽,微透明。摩氏硬度6~7,密度2.74克/厘米^3。优质梅花玉具斑状结构,杏仁状及块状构造,质地致密、细腻、坚韧。呈黑、墨绿色,少数呈紫红色。岩石中劈理极为发育,多被后期的硅酸盐、碳酸岩、绿帘石所填充,呈不规则树枝状,细脉疏密不等地穿插于矿石之中,有的绕过杏仁体,有的穿过杏仁体,这些棕色树枝状细脉与五颜六色的杏仁体巧妙地联系在一体,形似腊梅,故称梅花玉。梅花玉花体自然,又极富装饰性,尤其群体的"花朵",斑驳自然,犹如深沉含蓄的低调的艺术作品,极富观赏性。磨光之后,在墨绿、黑色的底子上常呈现出白、红、绿、黄、紫罗兰、竹叶青等各色花朵。它们或含苞,或怒放,簇拥成团,艳丽异常。梅花玉具有较高的观赏和收藏价值。

二、葡萄玛瑙

(一)概述

葡萄玛瑙是戈壁石中珍品,产于内蒙古阿拉善盟苏红图一带。

质地包括玛瑙、碧玉、蛋白石、石英岩等。由于产出的形态酷似葡萄而得名(图3-11)。石质坚硬,摩氏硬度为7,晶莹剔透,色彩绚丽,造型奇特。

(二)葡萄玛瑙成因

在距今1.37亿年之前,在中生代的侏罗纪和白垩纪时期,沿蒙古弧形构造深断裂有大规模的玄武岩浆喷发和溢出,形成规模浩大的火山岩流。岩浆喷出地表后,由于温度和压力骤

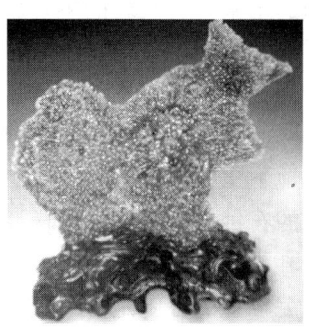

图3-11 葡萄玛瑙

然降低,其中所含的二氧化碳、水蒸气等气体迅速向空中逸散,冷凝成岩石后,便在岩石中留下许多大小不等、奇形怪状的气孔和空洞。火山活动的后期,饱含二氧化硅胶体的热液从深部挤上来,进入岩石的气孔之中,冷凝成玛瑙、碧玉、蛋白石、石英等。多为球形、椭圆形或不规则状。

葡萄玛瑙的形成环境相对较宽松,产于火山口附近的较大空洞中。二氧化硅溶胶热液无法充满整个空间,只能以某一质点如砂粒、泥块、水滴凝聚成珠状、球状或水滴状,逐渐堆积而成为葡萄串状。随后岩洞又为红色黏土所充填,因此葡萄玛瑙多埋于红泥中,红泥对葡萄玛瑙起到了很好的保护作用。

葡萄玛瑙由于质地坚硬、晶莹剔透、造型奇特、产出量稀少,因此很珍贵。拳拳之石,售价数百元;一块高1.2米的葡萄玛瑙石以23万元人民币成交;首届柳州国际奇石节上,出现过标价500万元的葡萄玛瑙石而成为最昂贵的观赏石。近年来,葡萄玛瑙的市场价值一路攀升。

三、石钟乳

石钟乳是岩溶洞穴中最常见的一种洞穴观赏石。以色泽艳美、晶莹剔透者观赏价值最高。溶洞的形成是石灰岩地区地下水长期溶

蚀的结果。石灰岩的主要成分是 $CaCO_3$（碳酸钙），在有 H_2O 和 CO_2 时发生化学反应生成 $Ca(HCO_3)_2$（碳酸氢钙）。石钟乳的形成是由于当富含 $Ca(HCO_3)_2$ 的地下水沿岩石缝隙从溶洞顶滴下来时，因压力降低，CO_2 逸出和部分 H_2O 蒸发，使 $CaCO_3$ 沉淀出来，如果渗滴的地下水把 $CaCO_3$ 沉淀在洞顶滴水处，便形成悬于洞顶不断向下增长的石钟乳。石钟乳的横切面具有中央通道和同心圆结构。如果石钟乳附近有多个水滴堆积时，则形成不规则的石钟乳。如果 $CaCO_3$ 沉淀堆积的方向是由洞底往上生长而成锥状、塔状及盘状等，与石钟乳生长方向相反，这种堆积体称为石笋。当水滴从石钟乳上跌落至洞底时，变成许多小水珠或流动的水膜，这样就使原来已含过量 CO_2 的水滴有了更大的表面积，促进了 CO_2 的逸散。因此，在洞底产生碳酸钙堆积。石笋横切面没像石钟乳一样的中央通道，但同样有同心圆结构。如果石钟乳和石笋相对增长（据报道，它们约30～50年增长1厘米），直至两者连接而成的柱状体则称为石柱。石柱一般体积较大，个人通常不作收藏。

我国广西石林溶洞内石钟乳、石笋、石柱玲珑剔透，斗奇争胜，怪石奇峰，各呈奇观。更奇妙的是这些石钟乳敲击时会发出声音，有的清脆悦耳，有的洪亮悠远，有的雄浑辽阔。广西石林的"芝云洞"与杭州的"烟霞三洞"、桂林的"七星岩"相比有过之而无不及。

张家界地区的喀斯特溶洞也广泛发育石钟乳、石笋和石柱等。

应该指出的是，石钟乳以及其他洞穴观赏石是受国家保护的资源，个人不允许随便开挖也不允许进入市场交易。

第四节 沙漠漆、茅山石、崂山绿石

一、沙漠漆

（一）概述

关于沙漠漆的定义，《地质辞典》（地质出版社，1983）的解释是：

"在沙漠地区,石砾被风磨平,由于毛细管作用,地下水上升蒸发后,常在石砾表面覆盖着一层氧化铁和氧化锰,呈黑褐色,像涂抹了一层漆一样,故名沙漠漆。"沙漠漆主要分布于祁连山及昆仑山北麓,面积达 16 万平方千米的范围之内。

(二)沙漠漆的作用

李海负(2004)曾提出沙漠漆对戈壁石的影响作用表现在三个方面:

1. 美化。

沙漠漆使石体表面的颜色美丽、光亮如漆,形成晶莹细腻的保护面膜。

2. 彩绘。

含锰质的沙漠漆的不均匀分布,以及与铁质沙漠漆的混合,使得石体表面不仅光洁,而且颜色缤纷,似彩色图画一般。

3. 污染。

含锰质很高的沙漠漆对石体表面有污染,严重时使石体表面一团漆黑,面目全非。

值得指出的是,除风棱石和沙漠漆外,在风化和其他外动力的共同作用下,在一些地区,风蚀作用还可以形成一些特殊形态的观赏石。如在新疆准噶尔盆地乌尔禾、吐鲁番盆地和哈密西南、柴达木盆地的西北部,一些由基岩组成的地区,由于构造非常发育,基岩岩性软硬相间(泥岩、粉砂岩、砂岩、灰岩),岩层疏松,且多断崖和节理、裂隙特别是垂直节理发育不均,在风化作用和暂时的水流冲刷,以及长期的风蚀作用以后,原来一些较大的岩石崩解或不断缩小,最后残留下一些孤立的小石块,形成千姿百态的造型石,有蘑菇、宝塔、动物、人像等各种形态,非常美丽(图 3-12)。

图 3-12 沙漠漆

这些造型石大小不一,大者1米多,小者几厘米,一般在10～30厘米左右,极有观赏价值。

二、茅山石

茅山石是指产于江苏南京茅山地区的白云岩。因产于茅山而得名。《弘志句容县志》记载:冷水涧在茅山玉晨观北,旧名苍龙溪,水漱石出其色如玉,坚润可爱即茅山石也。此茅山玉石每年都被当做贡品送入皇宫供帝王玩赏。《清一统志》中记载:"金坛县茅山出茅山石,如玉石钟乳。"《古矿录》中记载:"句容县茅山出石墨、茅山石。"

茅山地区不仅产出石墨和茅山石,而且出产黄金。据《茅山志》和《江南通史》记载:公元169年汉灵帝刘宏诏采曲之金以充武库(茅山古称句曲山)。齐梁时,著名工匠谢军、黄文庆自建康(南京)抵茅山为皇家铸造高级刀剑。可见1800多年前的东汉时期,茅山就发现了金矿。

三、崂山绿石

崂山绿石,又称海底玉,崂山绿玉。产于青岛崂山山麓的仰口湾中。具有特殊的岩石组合,上部是海相沉积的硅质岩石,中部是一些基性岩浆岩,下部是蛇纹岩化的超基性岩。崂山绿石石质细密润泽,矿物成分主要是绿泥石。在石脉中穿插有叶蜡石、绢云母、石棉、角闪石等,具有一定的透明度,结晶形态多为针状、柱状和放射状。有时因含有云母片而呈现金星闪烁的现象。

由于地壳的抬升,仰口海湾的绿石受潮汐的长期冲刷,石体表面光洁细腻。

崂山绿石具有三大特点:一是色泽绚丽多变,以绿色为基调,其中夹杂有翠绿、粉绿、黄绿、棕和白等色调;二是结晶奇妙,层状结晶序列均匀,浓淡交替;三是石质丰润,细密晶莹,纯坚如玉,是赏石界推崇的名石之一。

复 习 题

一、名词解释

1. 太湖石　　2. 灵璧石　　3. 英石　　4. 昆山石
5. 沙漠漆　　6. 牡丹石　　7. 菊魁　　8. 模树石

二、简答题

1. 简述太湖石——冠云峰的特点。
2. 简述石钟乳、石笋和石柱的区别。
3. 简述沙漠漆的成因及分布。
4. 简述菊花石的特点及不同产地菊花石的特征。
5. 简述牡丹石的特征及主要产地。

三、思考题

1. 灵璧石的质量评价和真伪鉴别的原则。
2. 太湖石的质量评价标准。
3. 葡萄玛瑙的成因及产地。
4. 姜石的特点及分布。

第四章 纹理石观赏石

本章提要

本章主要介绍了纹理石观赏石的种类和每种纹理石的基本特征。除主要介绍了我国传统的纹理石观赏石——雨花石、三峡石等外,还详细地介绍了目前纹理石观赏石发展的新趋势和新品种:黄河石、三江石、大化石、彩陶石、来宾石、九龙璧等。对每种纹理石的岩性和矿物组成、成因、观赏开发和收藏的历史、分布等进行了较详细的阐述。特别介绍了1990年4月在陕西省汉中市南郑县所发现的汉中香石,汉中香石的最大特点是它能发出一种似巧克力的香味。

纹理石观赏石又称为画面石、图案石。其纹理主要是在成岩时期原生的或岩石受矿液浸染形成的,其次是岩石后期风化作用所形成的。纹理或层理、裂理、平面图案清晰、美丽,包括山水、人物、鱼虫花鸟以及象形文字、英文和阿拉伯文字等。平面图案往往是由氧化铁、氧化锰等物质沿着岩石的裂隙、层理和裂理浸染胶结而形成。而象形文字、英文和阿拉伯文字等则是由方解石或石英等浅色矿物沿着岩石的裂隙、层理和裂理呈细脉穿插形成。收藏者往往追求其神似,欣赏其表现出的内涵和意境。

本章特别介绍了一种产于陕西省汉中市郊的罕见的观赏石品种——汉中香石,此石能发出一种似巧克力的香味。由于其本身没有明显的造型石的基本特征,故暂将其归为纹理石大类。

第一节 雨花石

一、概述

雨花石是观赏石中的一朵奇葩,堪称中华民族文化宝库中一颗璀璨的明珠，被赏石界誉为"石中皇后"（图4-1）。形成于距今250万年至150万年。雨花石产于南京、六合、仪征等地的砾石层中。宋代杜绾的《云林石谱》中记载，"真州（即今仪征）、水中或沙土中，出玛瑙石"。林有麟的《素园石谱》中记载，"绮石诸溪涧中皆有之，出六合水最佳，文理可玩，多奇形怪状。""绮石"就是产于六合的雨花石。

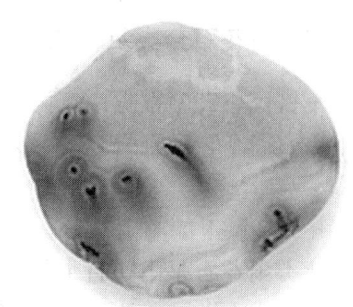

图4-1　雨花石

雨花石的色彩是由其中所含的化学成分决定的。化学成分含铁时为赤红色，含铜时为蓝色，含锰时为紫色，黄色半透明的是二氧化硅胶体石髓的体色。

关于雨花石名称的来历，南朝梁代以后，流传着一个神话故事：梁武帝时期，高僧云光法师在石子岗讲经，精诚所至，感动上天，天花纷纷坠落，落地化作五彩石子。我国地质学家把产于雨花台组砾石层的砾石称为雨花石。其石质包括：玛瑙、燧石、硅质岩、石英岩、砾岩以及蛋白石、水晶等。

我国收藏和欣赏雨花石的历史至少已有五六千年。1955年，在南京市鼓楼区北阴阳营发掘的新石器时代的墓葬品中，发现有数十枚玛瑙质雨花石及其工艺品，现保存于南京博物院。

《尚书·禹贡》中记载"扬州贡瑶琨"，瑶琨为美玉和美石，或曰"似玉的美石"，就是指产于古代扬州所辖仪征、六合的雨花石。

到了近代，雨花石更是备受青睐。艺术大师徐悲鸿、梅兰芳曾收藏过雨花石；周恩来总理在南京梅园时也曾将雨花石置于案侧。汉城奥运会上中国体育运动员将雨花石作为中国的象征永久存在汉城。近年来赏玩、收藏雨花石的人越来越多，它已成为馈赠亲友的高档礼品。

二、雨花石分类及特征

李铁民(1990)根据南京雨花台等地砾石形态组合分析和市场调查结果,从雨花石原岩岩性和矿物成分角度出发,把雨花石分为10类:

1. 玛瑙、玉髓类雨花石。

此类雨花石是雨花石中的上品。这类雨花石在水中格外晶莹剔透,又称"水石"或"细石"。其特征是:晶莹剔透,纹彩奇特,意境深远。其自然花纹往往构成山水、人物、鱼虫等稀世珍品。

2. 蛋白石类雨花石。

此类雨花石呈蛋白单色。也有因含原生铁、锰杂质所构成花纹或图案而成为珍品。

3. 碧玉岩类雨花石。

此类雨花石常呈不透明的单色,如棕红、墨绿等,个别有因次生杂质或微细脉贯入构成古典花纹而成珍品。

4. 燧石类雨花石。

此类雨花石表面常有甲痕,一般呈褐、黄、黑单色,也有黑白、黑黄、黄白相间的条带构成美丽的花纹而成为珍品。

5. 石英岩类雨花石。

此类雨花石多为半透明的白或黄色,显微粒状结构,有时有少量云母、辉石、绿泥石等杂质,构成的花纹图案可成珍品。

6. 脉石英、水晶类雨花石。

此类雨花石常为白色或无色透明,能形成珍品的多为原生杂质、包裹体、结晶缺陷等构成鱼虫类、花卉类、奇巧类的自然花纹图案。

7. 构造岩类雨花石。

此类雨花石是由破碎角砾岩和构造混杂岩等形成的雨花石,个别可以构成如瑞雪、海涛等自然现象的花纹图案。

8. 砾岩类雨花石。

砾石中的小砾石,可构成密集型蟒皮、鱼鳞状的自然花纹图案。

9. 化石类雨花石。

各种岩性的此类雨花石其中都有可能包含具有一定观赏价值的动植物化石,或各类珊瑚化石组成的花卉类珍品。

10. 其他岩矿类雨花石。

其他岩石(火成岩、变质岩)和矿物(含宝玉石类矿物)也能形成具有观赏价值的雨花石。

三、雨花石鉴赏

池澄曾总结出评鉴雨花石的七字标准——质、色、纹、形、巧、美、奇。前四者为外像,后三者为内涵。

(一) 质

质主要包括以下几方面:

1. 透。包括全透、半透、微透。透则有灵气,山川之云霭水波之光影,物像之层次,皆从透中出。

2. 细。是与粗对比而言,要求石质细腻不含杂质。苏东坡曾有"精明可爱"、"与玉无辨"的描绘,这已成为爱石者选猎美石的标准之一。

3. 润。蛋白石或具有蛋白石成分的雨花石,观之似透非透,如雾如烟,幻景迭像,浮光闪影。一个"润"字,道出非凡境界。

4. 朴。"石可破,不可夺其坚"。雨花石要求不缺不残,保其古朴之真,任何人工雕琢,磨光抹蜡,均有污石质。

(二) 色

艳色。摄魂夺魄,色压群英,一石置水,满盘失鲜,一点红、一点翠,可以染透一盆水。

复色。一石具两种以上色彩称复色。

稀色。雨花石中,白、黄、红为普色,绿、紫、蓝为稀色,绿少,紫稀,蓝贵。

拗色。"拗"有不合常规的意思,指一石之中,色彩的搭配拗得出奇,而又给人美感,观之令人耳目一新。

内透色。石体透明,含包裹体,若包裹体色艳,则被收藏家视为

"内透"珍品。

雨花石中绿色较珍贵,藏石界有"见绿就抓"的行话。红色为雨花玛瑙之正品。俗云"玛瑙无红一世穷。"

(三)纹

雨花石中玛瑙石纹最繁,蛋白纹最简,松香石纹古拙。纹多善,纹少亦善。纹宜有层次,层层叠出,倍增妙境。

(四)形

"一握适掌,端、圆、扁、薄。"此为雨花石形态之正统规范。藏石家钟情于"端、圆、扁、薄",其一是为了便于入水观赏,其二圆润也是对石子的一种美的要求。

(五)美

雨花石的美包括质美、色美、纹美、形美,可一石一美,也可兼而有之。若能集质、色、纹、形之美于一石,当更属上品。

(六)巧

"觅巧"五忌。忌牵强附会,忌一厢情愿,忌孤芳自赏,不顾客观认可,忌立像晦涩不清,忌重巧轻色。

(七)奇

奇是指雨花石中的奇石,纹理图案生动形象、山水风景清幽、人物形象惟妙惟肖。

第二节 三峡石

一、概述

三峡石是以"三峡"命名的宜昌三峡地区多种奇石的总称,是指三峡地区的一种象形卵石的观赏石,主要以清江画面石为主体(图4-2)。三峡奇石被誉为"想象之花"。是我国历史上

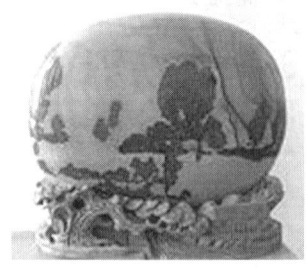

图4-2 三峡石

著名的观赏石之一。

三峡奇石,种类繁多,品质优良,画面丰富,是大自然赐给人类的天然珍宝。长江三峡是一座天然地质博物馆,也是奇石艺术的宝库。三峡地区的岩石主要是沉积岩,岩性主要为石英岩类卵石,质地细腻,磨圆度好,画面色调以红、褐、青、绿为主,多以单色居多,也有五彩纷呈者。除传统的观赏石外,三峡地区还产出各种矿物晶体和古生物化石。

二、三峡石的特点

三峡石的主要特点表现为:① 形态圆润。多为卵圆形、椭圆形等。体量适中。② 图案丰富多彩。由不同颜色或不同成分所组成的花纹图案千姿百态,变化万千,既有人物、山水、花鸟等图案,也有文字、字母等。如"中华奇石"文字石即为三峡文字石的精品。

三、三峡石的评价

前人已经总结出评价三峡石的要素,即:

1. 石质。主要指三峡石的摩氏硬度、密度、润度。摩氏硬度、密度越高品质越优,石质越光洁润滑,价值越高。如玛瑙质其价值高于一般的石灰岩质三峡石。

2. 颜色。三峡石颜色十分丰富,五彩缤纷。但色彩讲究纯度,切忌杂色混入。因此,纯度高的红、绿、紫、黄、白等五色为佳;在一块石体上如果色彩丰富、色彩反差大,则价值高。

3. 造型。主要指三峡石的完整性和造型,如果外形完整无缺、造型又奇特,即为上品。

4. 图案。三峡奇石的图案千姿百态。若这些画面构图的物象寓意清晰明了,即为上品。

5. 意境。即三峡石的主题思想。如果立意深远、主题意义重大,价值就高。

6. 纹理。三峡石主要以纹理石为最多。评价标准就是看纹理是否流畅、布局是否合理、疏密是否有致。

总之,在评价三峡石时,除注重以上几个标准外,还应具体问题具体分析,方能做出较合理的评价。

第三节 玛 瑙

一、概述

玛瑙是石英的隐晶质变种。常呈致密块状、结核状、钟乳状、肾状、脉状、卵石或砾石状。玛瑙的颜色极为丰富,世有"千种玛瑙万种玉"之说。常见者为红、蓝、青、绿、黄、褐、灰、黑、白等色,以及这些颜色之间的过渡色。玻璃光泽和树脂光泽,半透明至微透明,极少数透明。摩氏硬度 6.5～7,折射率 1.532～1.539,密度 2.60～2.65 克/厘米^3。玛瑙区别于玉髓的一个很重要的标志就是玛瑙具有同心层纹状或层带状花纹,而玉髓则没有。

二、玛瑙的分类

前人将玛瑙依分类依据的不同已划分出不同的分类方案:

(一)按花纹或纹饰的不同划分

1. 合子玛瑙。是指玛瑙的漆黑色中带一丝白色。
2. 截子玛瑙。是指黑白或褐红色相间的玛瑙。
3. 缠丝玛瑙。是指红色杂色相间、纹细如丝的玛瑙。
4. 缟状玛瑙。是指黑白、褐色细密花纹平行相间、颇为素雅的玛瑙。
5. 树枝玛瑙。是指花纹如树枝的玛瑙。
6. 苔藓玛瑙。是指花纹如青苔藓的玛瑙。
7. 昙玛瑙。是指质地有云雾状感觉的玛瑙。
8. 带状玛瑙。是指各色条带相间成层(平行层带、同心层带)的玛瑙。

(二)按内部所含的包裹体的不同划分

1. 水胆玛瑙。水胆玛瑙内部含有水的包裹体,极为珍贵。

2. 火玛瑙。火玛瑙内部含有片状红色氧化铁矿物包裹体,闪耀着火红光彩。

3. 琥珀玛瑙。琥珀玛瑙质地透明,内部含有类似蝌蚪、蜘蛛、金鱼、水草、树枝等动植物形态的矿物,外观犹如琥珀。

4. 闪光玛瑙。闪光玛瑙内部含有片状云母、黄铁矿等矿物包裹体。由于矿物的解理面反光而使玛瑙表现出闪光效应。

5. 玛瑙猫眼。由于玛瑙中含有纤维状平行排列的矿物包裹体而使玛瑙表现出猫眼效应。

三、玛瑙的主要产地

世界上优质玛瑙主要产于巴西,巴西玛瑙不同于其他地区的玛瑙,主要在于巴西玛瑙具有釉面特征,呈玻璃光泽。除此之外,还有印度、乌拉圭等国。印度不仅产出红玛瑙,而且还出产苔藓玛瑙。我国玛瑙的主要产地是内蒙古、湖北、黑龙江、吉林等地。

四、玛瑙鉴赏

优质的玛瑙要求颜色鲜艳、纯正、色层厚。表面光洁,透明度高。花纹明晰、均匀、线性程度好。无裂纹或裂纹少、短、浅。

值得一提的是,内蒙古戈壁滩沙漠中产出的玛瑙,硬度很高,石肤光洁,玉透温润,色彩非常丰富。主要表现为蛋白、灰白、红、绿、黄等颜色。造型奇特,形态多变,常呈现人物、动物、自然景观等形形色色的逼真形态。戈壁玛瑙一般体量较小,玲珑剔透,深受人们喜爱。

第四节 黄 河 石

一、概述

黄河石主要产于黄河上游刘家峡水库至宁夏青铜峡水库的黄河河道里,尤以兰州地槽一段所产为多,故古人冠以"兰州石"之名。

《云林石谱》"兰州石"条记载:"兰州黄河水中产石,有绝大者,纹采可喜,间于群石中得真工,璞外有黄络,又有如物像,黑青者极温润,可试金。"

黄河石的岩性主要为石英岩、硅质岩、砂岩、灰岩等岩。形状多为卵圆、椭圆或不规则状。由于河水和泥沙的冲击、打磨以及石块间互相碰撞,所以其表面较光滑。黄河石大小不一,质地坚硬,色彩丰富,色调沉稳。

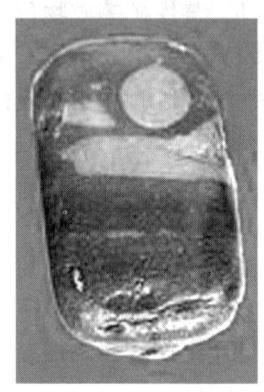

图4-3 黄河石

黄河石的观赏价值主要在于其石表色彩花纹的组合变化。许多石纹能形成天然画面(图4-3),诸如山水、花鸟、人物、动物,乃至文字符号,无奇不有。上品黄河石极少,一般要求体积稍大,石形完好无损,画面要浑然天成,或以色彩胜,或以意境胜。

二、黄河石鉴赏

黄河石是中华民族母亲河的石种。滔滔黄河水造就了黄河石。黄河石以古朴、粗犷的特点为赏石者所喜爱。由于黄河石是经过长期的水流的冲刷作用而形成的,因此黄河石往往呈现球形、椭球形或卵圆形,形态自然美观。非常适合于居家收藏。其次,黄河石的颜色丰富,各种各样的颜色均有,而且颜色之间的层次分明。这些不同的颜色主要是由于黄河石所含的微量致色元素不同而引起的。但有的是由于氧化锰、氧化铁等沿岩石的裂隙渗透沉淀而形成的。黄河石无论单一色彩,还是多色于一体的石种,均呈现古朴典雅、沉稳厚重之感。黄河石最具观赏性的特点是其意境美。由不同颜色不同纹理所组成的图案,惟妙惟肖,形象生动,使人百看不厌,浮想联翩。可以说意境深远、形神兼备使得黄河奇石具有了艺术感染力。特别是其纯朴、浑厚、粗犷豪放之美,颇具西北地区的人文内涵。

三、黄河石主要石种

近年来,在黄河流域洛阳段发现一种很奇特的日月石。岩性主要为石英岩、硅质岩和砂岩为主,偶见沉积和变质的岩类。在石体表面上有一种圆如太阳、月亮的图案,有的似东海日出,有的如彩霞满天、月上山冈等意境。太阳石、月亮石是黄河中游的瑰宝,是黄河石中色彩最鲜艳、最独特的一个品种。

在黄河流域宁夏境内的涡纹石是一种最常见、最普通的黄河石。纹理主要由黑色、土黄色和赭色等色带构成。令人惊奇的是涡纹石的颜色、图案与黄河上游文化遗址出土的西夏彩陶罐同出一辙。值得一提的是,2001年又在黄河宁夏段发现了一种龟纹石。石体表面凹凸不平,龟纹清晰。龟纹石的颜色有白色、深棕色和黄色。基底为黑色和青色。最大的龟纹石直径为60～70厘米,形状为圆形或椭圆形。

目前,黄河石已走出国门。日本、韩国、新加坡、马来西亚、菲律宾等东南亚地区的国家由于受我唐宋时期的文化影响颇深,喜爱唐诗、宋词和绘画中的意境,因此,对黄河石情有独钟。

第五节 丹麻彩石

丹麻彩石因产于青海省湟中县丹麻乡而得名,又称昆仑彩石。其主要特点是花纹绚丽多姿。花纹常呈条带状、条纹状、花斑状、波纹状及不规则弯曲条带等。有些丹麻彩石的边部为条带状,中间为皱纹状,呈对称分布。丹麻彩石产于30厘米厚的第四纪滑坡体岩石碎块中,呈脉状和似脉状产出。颜色由白、黄褐、红褐、紫、橙等组成,局部呈微透明或半透明,色泽淡雅柔和,花纹自然流畅。丹麻彩石质地蜡润,摩氏硬度为4。主要矿物成分为方解石、褐铁矿,其次为菱铁矿、白云石及黏土矿物等。由于铁质含量变化较大,故基质从浅黄到棕黄色或褐色。丹麻彩石呈隐晶结构至细粒结构。

丹麻彩石可分为两类：一类为"冻石"，石质较软，有滑腻感。颜色为白色、乳白色、褐色和紫色等，最适合雕刻成形象逼真的人物、动物、花鸟、山水景物等工艺品和印章，均为观赏和收藏的精品。质量上乘的彩石尤以石质透明的"水晶冻"、"玛瑙冻"和"脑纹冻"最佳。另一类为"雪花石"，呈白色，因含雪花状的杂质内含物而得名。

第六节 三江石

一、概述

三江石是指横跨广西柳州三江县和广西桂林龙胜县的浔江流域所产出的纹理和色泽美丽、质地细腻的元古界硅化之多成分石英岩质及碧玉岩质卵石或砾石。其石质坚韧，经长距离搬运磨蚀而成。故多呈圆形、椭圆形或扁圆形。以圆滑无棱卵石为多。色彩丰富，常呈现为单色和复色两类。单色包括红、白、黑、绿、黄等。复色三江石以复色纹理、造型石为主，常见黑、红、绿、黄、白等色，有两种、三种颜色交织而成的各种花纹。有些因岩石摩氏硬度、组成等方面的差异，经过长期的水流的侵蚀、搬运作用，石体表面常表现出凹凸不平，有时出现孔隙或孔洞，深浅不一。有些石体因受到长期的侵蚀、浸泡和冲刷，玉质化比较明显，玉化的部分呈半透明，蜡状光泽或玻璃光泽，这种石种属于三江石中的上品，具有较高的观赏和收藏价值。

二、三江石的分类

三江石除少量外形奇特、色泽明亮的造型石外，主要是产量较多、观赏和收藏价值较高的纹理石（图案石）类。纹理主要是由不同成分的矿物所组成，或是由不同颜色的条带构成。这些成分或颜色的差异往往构成精美的图案，酷似动物、植物或山水景观，耐人寻味。根据纹理和形态的特点，可分为三江彩卵石、图案石和蜡石。三江彩卵石是三江石中的佼佼者。彩卵石一般表现为河卵石浑圆、光滑的特征,石体饱满度和磨圆度很高。三江彩卵石的评价标准主要有三方面:一方面是磨圆度和饱满度越高,其品质越高。第二方面是三江石的色彩,色彩常分为基色和镶嵌色。基色呈纯黑、绛色、绛紫色为最好,色调越是沉着厚重、深沉老到为最佳。这种基底色调沉静古雅,独具石之气韵。镶嵌色呈红色为最佳,红色越鲜艳,似鸡血红为最珍贵,而且鸡血红色的分布越多越好,如果鸡血红在黑色或绛紫色的基底上能呈现出动物的图案或文字则属珍品。如红色形成的蛟龙、凤凰或汉字、英文字母、阿拉伯数字等。第三方面是质地,三江石质地越细、越致密,则整个石体呈现出越温润如玉的良好基底。

三江石中的图案石尤以三江黑底金纹石为最佳。它的基底虽没有彩卵石那么致密,常伴有细微的裂隙。其最大的特点是镶嵌色呈黄色或褐黄色,往往呈带状、片状分布,呈构成美妙的龙形、树枝状、文字或字母等纹理图案。由于纹理常呈黄色,故名三江黑底金纹石。

三江彩卵和三江图案石都以较纯的黑色绛紫色基底、鲜艳金黄、鸡血红的镶嵌色所构成的吉祥图案而备受青睐,两者都具有很高的观赏和收藏价值。作者收藏了一块三江彩卵石,(见图4-4)具有鲜艳的血红色,形似寿桃,体态适中。

三江蜡石独具蜡状、油脂状光泽,石体呈半透明状。最好的质地为冻地。以体色的不同常有黄蜡石、白蜡石和绿蜡石,其中以黄蜡石和绿蜡石为最佳,体量大、黄色艳丽、质地冻地的黄蜡石表面温润,质地似玉质,宝气十足。黄蜡石象征着高贵、富裕、圣洁和吉祥。是收藏家和赏石者追捧的目标。

图4-4

第七节 模树石

模树石也称假化石、松石、松屏石或婆娑石,也有人称之为"太古石画"。它是沉积岩层之间受后期的氧化锰和氧化铁饱和溶液沿着岩石的节理、裂理等缝隙渗透沉淀而形成的,形态呈树枝状而得名。"石中忽有纹成松,虽绘画者不如也"。模树石分布很广,我国南北各地均可见到。

模树石以产于冰洲石、水晶、蛋白石与玛瑙等透明且坚硬的石体中者最为珍贵。以产于质地较硬的砂岩、石灰岩中者为佳。产于页岩中者因不易保存,一般不作为观赏石收藏。江苏东海县的水晶晶体、内蒙古巴彦淖尔盟的冰洲石与玛瑙、澳大利亚蛋白石中都曾发现过模树石。在北京中国猿人遗址的龙骨山上发现的"龙骨石画",其实就是模树石。河北房山县所产模树石美如画卷,有"龙骨石画"之称。河南信阳王岗乡据报道也发现了成片出现的模树石。作为观赏用的模树石有两种:一是呈板状、片状生长在一个层面上的模树石;另一是具有多个面的模树石,使之富有立体感。

模树石常被误认为植物化石,但仔细观察它既没有根、茎、叶之分,又没有植物体某些固有的微细构造,极易与植物化石区分。

第八节 汉江石、国画石、蓝纹石

一、汉江石

汉江石也称汉江象形石,主要是指产于汉江河床、沿岸及其支流的卵石观赏石(胡晓林,1992)。在色彩纷呈的观赏石中,汉江象形石以其鲜明的地域特色和观赏价值,受到人们的喜爱。秀美壮丽的汉江,发源于陕西秦岭南麓,全长 1 577 千米。整个流域地质构造复杂、河流纵横、矿产资源十分丰富,是一座天然的地质博物馆,也是一座天然的奇石宝库,特殊的地理环境,更使得汉江中游产出的奇石石质好、石种全,纹理石、造型石、宝玉石、化石、矿物晶体等均有产出。

汉江石主要由砂岩、泥岩、灰岩以及多种成分的复合岩石组成,与汉江两岸奥陶纪、志留纪、泥盆纪、石炭纪、二叠纪地层有直接的成因联系。汉江两岸岩石成分主要由砂岩、粉砂岩、泥质碎屑岩、碳酸岩类组成，许多层位富含古生物化石，其时代可追溯到5亿年前。在漫长的地球演化过程中，直到距今约2亿年时，秦巴地区才由海底抬升到地面，逐渐形成现在的构造及地貌格局。亿万年来，岩石经过地质构造变动、风化侵蚀、剥落崩塌、水流冲刷、河水搬运、滚磨等各种内、外生地质作用，使其成为各种砾石状态，散落在河床、沟谷及河滩里。由于岩石物质成分的差异，各种热液活动的发展，特别是地壳历史时期中岩石所受到的变形及变质作用，使岩石原来的物质成分、结构、构造均发生了很大的变化，在漫长的变化过程中，终于在砾石表面形成了多彩多姿、形象各异的各种天然图画。

汉江石中尤以七彩玉带石和水墨石最具观赏和收藏价值。七彩玉带石产于汉江的老河口至襄樊段。它经过数亿年的地质演变及一系列大型断裂、火山爆发、造山运动，加上江水的冲刷浸润，形成了质地坚硬、色泽丰富、圆润细腻、纹理清晰、造型奇特、浑如完璞的特点。七彩玉带石大小不一，大的上百斤，小的仅几克。具有较高研究价值和观赏价值。七彩玉带石分为两类：一类为图案石，一类为浮雕石。它们均来自4亿年前的浅海地带，是在造山运动及岩浆活动产生的多种不同成分的矿物质相互渗透交代的过程中，逐渐形成了一块块大小不等、造型各异的七彩玉带石。石质有玛瑙、碧玉、石英和硅质等，摩氏硬度达7以上。七彩玉带石颜色丰富协调，纹理流畅，颇富动感与灵气，图案包括自然景观、日月星辰、花鸟鱼虫、人物、动物等，给人以变换无穷的美感。

水墨石产自鄂西北的断陷山地。岩性以石灰岩主。石英呈细脉状穿插石灰岩而构成黑白分明、线条优美、富于变化、自然本色的图案画面。

二、国画石

国画石产于广西来宾县铁帽山林场的黔江下游处，与武宣县黄茆镇隔岸相望。国画石因石体上的画面具有浓郁的中国画笔墨意趣而称为中国国画石（见图4-5）。国画石的图案有人物、花鸟、山水等诸多景色。其岩性属浅变质的片岩，摩氏硬度3～5。一般用爆破法开采，获得的石料需经过切割打磨，才呈现出清晰画面。石体上不同的色彩是由沉积作用过程中，在成岩阶段外来物质如氧化铁和氧化锰等的浸染，或自身致色离子的析出而形成的。国画石中常含有单体珊瑚化石，由此可推测国画石形成的地质年代大约距今4.7亿万年。

图4-5

国画石与模树石在外观上比较相似，但模树石在摩氏硬度、色彩和图案等方面不及国画石。因此，国画石具有较高的观赏和收藏价值。据报道（刘少安，2007），我国五岳之一的嵩山也产出令人叫绝的山水国画石，该地产出的国画石为石英岩性，质地较坚硬，自然天成的山水国画石受到国内外奇石爱好者的亲睐，目前一块精品山水国画石价格已高达数万元。

三、蓝纹石

蓝纹石产于我国四川省旺苍县。蓝纹石是由四川省地质矿产局于1980年发现。蓝纹石岩性为方钠石化的磷霞岩，因其玉石具有呈蓝色的云雾状条纹，故名"蓝纹石"。蓝纹石由霞石、磷灰石、方钠石组成，另含少量钛辉石（绝大部分已蚀变成黑云母）。呈块状，局部有构造碎裂现象。颜色为灰、灰蓝、蓝色，分布不均匀，在白色的底子上出现了云雾状条带、条纹或色块，且其界限不清。摩氏硬度5.5～6。按颜色的差异，有浅蓝色蓝纹石、蓝色蓝纹石之分。蓝纹石具有较高的观赏和收藏价值。质优者可作为宝玉石原料。

除四川省外，在新疆拜城黑英山北伊兰里克志留-泥盆纪大理岩内的碱性伟晶岩中也有"蓝纹石"的发现。它其实为气成热液型的金云母-方钠石脉,其中的方钠石比较集中。"蓝纹石"呈淡蓝、淡茄紫色,显玻璃光泽,微透明至半透明。质量尚好。

第九节　九龙璧、鸡血石、彩陶石

一、九龙璧

九龙璧产于福建漳州九龙江流域北溪中游的华安县。由古生代二叠纪后期火山岩经变质而成,属钙硅质角岩。主要矿物成分为石英、长石、透辉石和透闪石等。九龙璧质地致密、温润,摩氏硬度达7.5。九龙璧色彩丰富,有灰紫、黑黛、绣红、乳白等,色彩斑驳。因主要产于福建漳州华安县九龙江畔,所以又称为华安玉。

九龙璧属皇室珍品。明清时代曾作为贡品进入皇宫。九龙璧尽显大自然的奇特景观,气势非凡,深受国内外赏石界钟爱。

二、鸡血石

浙江昌化鸡血石产于浙江省临安市昌化镇的玉岩山,是中国特有的名贵石种,因具有鲜艳的鸡血红色而得名。其主要成分是辰砂和地开石,还含有少量的高岭石等。化学组成为:$Al_2[Si_4O_{10}](OH)_2$,属于层状结构的硅酸盐矿物。其基底或地的主要矿物成分为地开石,而"血"的主要成分是辰砂(HgS)。辰砂俗称"朱砂",在我国古代用做红色颜料。由于鸡血石的主要组成矿物地开石以及高岭石等均属于黏土矿物,因此其硬度较低,摩氏硬度为2～3。密度为2.66～2.9 g/cm^3。

昌化鸡血石的质量评价主要从两个方面着手。一是"鸡血",以红色集中、血块面积大、鲜艳纯正,并深入石中为上品,如鲜红,几乎遍及整个石体的"大红袍"。而红色较为分散,呈散染状或斑块状,颜色浅红或紫红色者质量较差。二是质地,质地细腻、温润,具有玉质感,半透明的冻地最为名贵。

被誉为"石中王后"的昌化鸡血石自古以来就受到帝王将相的钟爱。我国清朝时期的历代皇帝曾选用鸡血石作为玉玺。毛泽东主席曾使用和珍藏两方昌化鸡血石的印章。周恩来总理曾以昌化鸡血石作为国礼，馈赠日本前首相田中角荣。近年来，由于鸡血石资源的逐渐枯竭，能够拥有一方令人陶醉的鸡血石已成为许多人的向往。

值得指出的是，昌化鸡血石传统上是作为质量上乘的图章石而使用和收藏的，同时也用作雕件或摆件。但是随着观赏石的发展和赏石范围的不断扩大，特别是昌化鸡血石鲜艳美丽的红色，赏石界越来越多的人士逐渐开始收藏鸡血石的原石，这些原石在颜色上的突出优势是其他观赏石石种所不能及的，或者说是鸡血石所特有的。而且鲜红色也非常符合中国传统文化中的吉祥、喜庆之寓意，"红"与"鸿"谐音，预示吉庆和鸿福，符合人们赏石的心理感受。因此，编者也将昌化鸡血石的原石纳入观赏石的范畴。

三、彩陶石

彩陶石盛产于广西柳州合山市红水河十五滩、鹅滩河段。又称合山彩陶石。合山彩陶石岩性以硅质粉砂岩和火山凝灰岩为主，质地较坚硬。石体表面似有一层彩色釉面，呈翠绿、黄绿、黄、青灰、褐墨等。彩釉石和鸳鸯石为彩陶石之最。鸳鸯石是指在一个石体上出现黑色和绿色两种截然不同的颜色，而且颜色的分界线清晰、平直，极具观赏和收藏价值。合山彩陶石经水流的长期冲刷、淘洗、磨蚀，以鬼斧神工之势造就了彩陶石形、色、质、纹的不凡品位，雅致沉静的色调，赢得中外赏石界的赞赏。目前，优质彩陶石的市场价值一路攀升，收藏价值突显。作者曾有幸收藏到一块造型酷似狮子头部轮廓、青灰色的彩陶石（见图4-6），表面光洁，棱角分明，质地细腻、坚硬，质量上乘，重达60多千克，实属难得。

图4-6

第十节 大化石、来宾石、汉中香石

一、大化石

大化石,又称大化彩玉石。产于广西大化瑶族自治县红水河河滩及河床床底。岩性属火成岩,质地坚硬。大化石因地壳的抬升,渐渐露于地表河谷之中。由于岩石经长期的水流冲刷、碰撞、溶蚀、搬运,因而形成圆浑状或其他不规则状的形态。由于石质所含成分复杂,加上风化作用的影响使石体纹理有浅凸的浮雕效果。大化石表面光滑,具彩釉感,颜色包括棕黄、褐黄、青绿、乳白及黑色。

大化石自1997年开发以来,以它独特的造型和神韵意境,赢得了海内外赏石者的青睐。近年来,大化石已经成为收藏家竞相收藏的珍品,占据了收藏市场的半壁江山。由于大化石资源越来越稀少,开采的难度和成本越来越高,大化石的价格一路高涨,甚至达到空前猛增的程度。

二、来宾石

来宾石因产于广西红水河来宾段而得名。由于红水河来宾段水流湍急,河床落差较大而且较狭窄,受急流长期冲刷造就了各种各样形态逼真、石肤光洁的来宾石。来宾石石质坚硬,石体光滑,常有细密的纹理遍布整个石体。

来宾石根据形态特征可分为水冲石、纹石、石胆石和黑珍珠。色彩多以褐色、黑色为主,风格或深沉,或古拙,或神秘或诡异,是红水河石种中最富特色的品种之一。

来宾水冲石最主要的特点是:① 石体表面非常光洁,水洗度极高。② 石体形态变化不定,出形到位,既有动物形态,又有山峦奇峰等各种天然造型。

来宾纹石又称来宾卷纹石,其最主要的特点是在石体表面遍布粗细不一的石纹。有时石纹贯穿整个石体,有时呈现局部的同心圆状,似同心圆状结构。这些石纹密集排列形成曲折回荡的粗犷图案时,给观赏者一种强烈的艺术感染力。

来宾石胆石是很富特色的红水河石种之一。石胆石的特点是石体常呈由单个石胆构成的圆球形、椭球形,有时呈由许多小球胆组成的各种形态,如动物、山峰等。石胆石的表面常有粗细不一的石纹,有时石胆石的石体上常有许多隆起的石胞,大小不一。石胆石以其鲜明的特色备受赏石者的青睐,特别是能呈现特定造型如动物等的石胆石具有很高的观赏和收藏价值。

来宾黑珍珠石主要的颜色表现为纯粹的黑色,石体的光洁度很高,表面光滑细腻,常呈现出玻璃般光泽,端庄、稳重。品质上乘的黑珍珠常在石体表面有许许多多浑圆的小凹坑,有时有序排列,有时无序排列,给人无限的遐想具有深远的意境。有的黑珍珠虽没有许多浑圆的小坑,但在石体的中间常有一个大的凹坑,有收藏者因此命名为"聚宝盆",而有的收藏者则盛水其中,放置几尾小金鱼,小鱼畅游其中,平添几分惬意。黑珍珠因为产量很少,一直以来就为收藏者所青睐。作者曾收藏有一块来宾石胆石(见图4-7),表面光洁,颜色纯黑,外形酷似一昂首的小狗,憨态可掬,惹人喜爱。

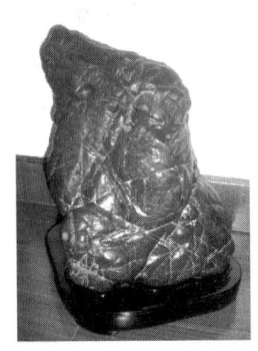

图4-7

三、汉中香石

汉中香石是指产于陕西省汉中市南郑县碑坝的具有香味的岩石,它是1990年4月由卢礼平发现的。自然界确实存在着香石,但产地和数量甚少。因此,汉中香石具有较高的观赏和收藏价值。1996年,第三十届国际地质大会组织委员会收到陕西宝玉来公司捐赠给大会的一块重442克的汉中香石,命名为"金香玉"。现存于中国地质博物馆。

汉中香石的岩石类型主要为蛇纹石化大理岩。新鲜断面上,大理岩为白色,粒状结构,块状构造,蛇纹石呈黄绿色,蚀变比较强烈,在大理岩中呈透镜状、条带状和不规则状分布。岩石香味的浓度差异甚大,表明其所含的香味物质多少不一。但几乎所有香石均释放出一种酷似巧克力的香味。

据北京大学王时麒和杨富绪教授研究,汉中香石矿物组成主要为叶蛇纹石,呈细小的片状,粒度小于1毫米,整体岩石结构为鳞片变晶结构。其次为碳酸盐(方解石和白云石)矿物,无色至淡褐色,呈粗粒状,粒径为1~5毫米,不均匀粒状变晶结构,菱形解理和聚片双晶发育,闪突起显著,常有晕彩,高级白干涉色。此外尚有少量不透明矿物,据其晶形特点判断主要为黄铁矿,呈浸染状或脉状分布。香石的摩氏硬度为3.2~3.5,密度为2.45~2.53克/厘米^3,折射率为1.54~1.55。

关于香石的香味来源和成因可能与岩石中赋存的有机物成分有关,这有待于进一步的确定。

复 习 题

一、名词解释

1. 雨花石　　2. 三峡石　　3. 鸡血石　　4. 大化石
5. 九龙璧　　6. 国画石　　7. 彩陶石　　8. 汉中香石

二、简答题

1. 简述雨花石的分类依据及其类型和特征。
2. 简述雨花石的评价原则。
3. 简述三峡石的特点。
4. 简述大化石及来宾石的特征。

5. 简述汉中香石的主要特点。

三、思考题

1. 纹理石与造型石在成因和鉴赏方面的区别。
2. 来宾石的类型及产地。
3. 彩陶石的特征及其分类。
4. 国画石的特点及产地。
5. 模树石与植物化石的主要区别。

第五章 矿物晶体观赏石

本章提要

本章主要介绍了矿物晶体观赏石的一般评价原则,重点阐述了50余种矿物晶体观赏石的化学成分、晶体形态、颜色、鉴赏价值、鉴别特征以及产地和产状。在晶体形态方面,除介绍每种晶体的常见晶形外,重点突出了某些矿物特有和特征的双晶和集合体的形态;在注重鉴别特征介绍的同时,着重阐述每种矿物的鉴赏价值;在描述矿物晶体产状和产地的同时,尤其较详细地介绍了某些晶体的著名产地和特征。除此之外,本章还特别介绍了我国地质学家在湖南所发现的世界独一无二的矿物晶体——香花石的特征和产状。

第一节 矿物晶体观赏石的一般特征

矿物晶体是大自然赋予人类的天然艺术品。大自然的鬼斧神工造就了千姿百态、千奇百怪、颜色美丽的矿物晶体。每一种晶体无不反映出大自然的神奇巨变,是自然界沧桑巨变的写照。因此,精美无比的矿物晶体不仅能给观赏者带来视觉和感官的享受,它更具有很高的科学研究价值。

精美的矿物晶体一直受到矿物学家、有关科学教育机构和博物馆的重视。近年来,矿物晶体越来越受到奇石爱好者、艺术家、收藏家的钟爱。美国每年在图森(Tucson)举办的矿物晶体展销会,已经吸引了我国越来越多的矿物晶体收藏和爱好者前往参加。

具有观赏性的矿物晶体作为一种特殊的观赏石品种,前人已经总结出了它的一般特征:

1. 天然性。

天然性是矿物晶体最基本的特征。矿物晶体天生丽质,天姿神韵。它虽不是精雕细刻,但它的造型和神韵远远超过了玉雕大师的构思设计。它超然脱俗,将美蕴含于自然之中。

2. 珍稀性。

矿物晶体的珍稀性表现在三方面:第一,珍稀的矿物种或变种;第二,标本本身有珍稀之处,如辰砂不是稀罕的矿物,但我国北京地质博物馆藏一体积特大的辰砂晶体,号称"辰砂王",当属稀世珍品;第三,晶体学上的珍稀,如罕见的晶类,罕见的晶形,罕见的双晶或其他规则连生等。

3. 形态多样性。

千姿百态、绚丽多彩的矿物晶体呈单晶体、连生体、单矿物集合体或多种矿物的共生组合体等多种形式存在。就单晶体的习性而言,或一向延伸如柱、如剑、如矛、如针、如丝;或两向延展如壁、如板、如叶;或三向等长呈各种形态的粒状。就晶形而言,或简单或复杂,但又千变万化,留给人无穷的探索与品味。特别是矿物晶体的连生体、集合体和矿物的共生组合,更是多种多样,形态万千,出神入化,耐人寻味。

4. 色泽丰富多彩。

就光泽而言,包括金属光泽、金刚光泽、玻璃光泽、丝绢光泽、油脂光泽。就颜色而言,天然色彩,魅力无穷,有的红如旭日,有的蓝如晴空,有的碧绿如孔雀羽毛,有的洁白如雪,有的无色透明如水晶。浓妆淡抹,各得其趣。

5. 意境深远。

矿物晶体除了色彩丰富、形态多样外,最主要的观赏价值还在于它的形态和颜色所折射出的深远的意境。千姿百态的造型、独一无二的双晶、鲜艳的色彩使人浮想联翩,爱不释手,真正达到赏石的境界。

第二节 自然元素类矿物晶体观赏石

在自然界已知有 20 余种金属和半金属元素可呈单质形式出现

而形成自然元素矿物。自然元素矿物占地壳的总重量尚不足0.1％，并且在地壳中的分布很不均匀。其中有些可以显著富集而形成铂、金、金刚石、石墨等矿床。在这些自然元素矿物中，少数极具观赏价值。

一、金刚石

化学成分：C。常含有氮(N)和硼(B)等杂质。

晶体形态：等轴晶系。常呈八面体和菱形十二面体及它们的聚形，后者晶面常弯曲而呈凸晶(图5-1)(据王德滋，1975)。通常呈圆粒状或碎粒产出。与石墨和六方晶系的金刚石成同质多象。晶体结构中，每个碳原子均被其他四个碳原子所围绕，形成四面体。

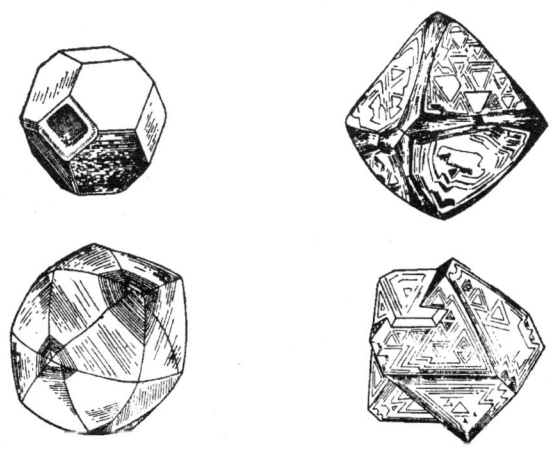

图5-1 金刚石晶体

颜色：金刚石无色透明，若含氮杂质则呈现黄色，含硼杂质则呈现蓝色。有时也呈现绿和褐色等。

其他物理性质及用途：摩氏硬度和色散分别为10和0.044，均是已知矿物中的最高者。密度3.50～3.52克/厘米^3。强金刚光泽。中等八面体解理，性脆。密度3.47～3.53克/厘米^3。是热的良导体,室温下其热导率几乎是铜的五倍。在X射线照射下会发出蓝绿色荧光,这一特性被用于从矿砂中选矿。

金刚石分为Ⅰ型和Ⅱ型两类。Ⅱ型又可分为$Ⅱ_a$型和$Ⅱ_b$型。性能最优越的当属Ⅱ型金刚石。$Ⅱ_a$型金刚石具有优良的导热性能、红外透过性能、计数性能和光学透过性能而广泛应用于电子工业中的固体微波和激光器件的散热片、人造卫星红外部件、原子能工业中的核辐射探测器和医学上的X射线和核辐射计量计以及高压物理领域中的压电材料。$Ⅱ_b$型金刚石具有半导体的性能,是理想的半导体材料。

鉴别特征:最大的摩氏硬度、典型的金属光泽、良好的导热性。

观赏价值:金刚石是已知矿物中的摩氏硬度最高者,八面体或菱形十二面体单晶罕见而珍贵,达到宝石级的金刚石称为钻石。它有"宝石之王"的美誉。钻石能表现出强的"出火"现象,转动时呈现五彩缤纷的效果,因而极具观赏价值和宝石价值。世界上最大的一颗钻石重3 106克拉,是1905年在南非发现的。第二和第三大钻石重量分别为995.2克拉和968.5克拉,分别于1893年和1972年在南非发现。1977年12月21日,我国山东省临沭县岌山镇常林村村民魏振芳在田间劳动时发现了一颗重达158.786克拉的金刚石,称为"常林钻石",现收藏于中国人民银行。晶体呈八面体和菱形十二面体的聚形,密度3.52克/厘米^3。颜色为淡黄色,质地洁净透明,常林钻石是我国到目前为止发现的第二块超过100克拉的宝石级天然大钻石,也是我国现存的最大钻石。其价值约2 700万人民币,是中国的国宝之一。我国发现的最大钻石是金鸡钻石,重281.25克拉,于1937年在山东省郯城县李庄乡发现,后被侵华日军驻临沂县的顾问掠去,至今下落不明。

产状产地:原生金刚石主要产于金伯利岩或钾镁煌斑岩的岩筒或岩脉中,砂金刚石产于冲积的砂矿中。世界最著名的金刚石产地有南非的金伯利地区、扎伊尔、澳大利亚西部、俄罗斯的雅库特、美国的阿拉斯加和巴西的西纳斯吉拉斯和加拿大等地。中国的金刚石产地分布于辽宁、山东、湖南和贵州。世界最大的金刚石产于巴西的卡帕达迪亚,重3148克拉,属工业金刚石。最大的宝石级金刚石1905年发现于南非的普列米尔,重3106克拉,取名为"库里南"。

钻石资源不断有新的发现。从世界范围来看,近年来钻石资源勘探的最大突破是在加拿大。据相关资料报道,加拿大发现的钻石的平均品位为1.25～5克拉/吨,钻石以无色透明为主,宝石级钻石占25%～40%。加拿大将逐步成为世界上又一重要的钻石出产国。

在20世纪50年代我国在钻石资源勘探时,首先在湖南省的阮江流域发现了钻石砂矿,60年代在山东省的蒙阴发现了金伯利岩型钻石原生矿,20世纪70年代到80年代初在辽宁省瓦房店发现了金伯利岩型钻石原生矿,20世纪90年代又有新的突破。1992年10月辽宁省地矿局第六地质队在辽宁省瓦房店岚岗山地区发现3个新的含钻石的金伯利岩岩体,取得了钻石找矿的突破性进展。湖南省413地质队继50年代在湖南省阮江流域发现钻石砂矿资源后,又于1990年10月在湖南省宁乡县云影窝地区发现了含钻石的橄榄金云火山岩岩体,这也是近年来我国钻石矿床勘探中的一个具有历史意义的重大突破。这也是在我国境内首次发现含有钻石的橄榄金云火山岩岩体。

值得一提的是最近在我国山东省又发现了宝石级彩色钻石。最大重量达1克拉左右的紫色钻石,裸钻在光照下发出耀眼夺目的光彩。还有粒径较小的金黄色钻石,在不同光照下出现不同的色彩。彩色钻石分布在山东省沂河流域的砂矿中,十分稀少、罕见。因此极具观赏价值和收藏价值。

二、自然金

化学成分:Au。

晶体形态:等轴晶系。单晶体主要晶形为八面体,但单晶体非常少见。通常呈分散状或不规则树枝状集合体,有时呈不规则的形似狗头的较大块体,俗称"狗头金"。

颜色：自然金通常颜色、条痕均为金黄至浅黄色,随含银量增加而变淡。根据其条痕色的深浅可以确定银的含量。

其他物理性质：摩氏硬度 2.5～3。密度 19.3 克/厘米^3。金属光泽,不透明。是热和电的良导体,不氧化,不溶于酸,但可溶于王水。有强的延展性,1 克自然金可拉成约 2 千米长的细丝。

鉴别特征：金黄色,金属光泽,密度大,摩氏硬度低,富延展性。

观赏价值：单晶体的八面体、立方体和菱形十二面体的晶形是自然金的重要观赏价值所在。如果单晶体呈树枝状与石英共生或生长在浅色基岩上的晶体,观赏价值极高。

产状产地：自然金主要产于高、中温热液成因的含金石英岩脉中,或产于变质岩及与火山热液作用有关的中、低温热液矿床中。产于原生矿床中的自然金俗称山金,它主要产于含金石英脉或蚀变岩脉中,故又称脉金；产于砂矿中的金俗称砂金。世界著名产地有南非的威特沃特斯兰德、美国的加利福尼亚和阿拉斯加、澳大利亚的新南威尔士、加拿大的安大略、俄罗斯的乌拉尔和西伯利亚等地。澳大利亚曾产出过一块重达 214.318 千克的自然金块,是罕见的珍品。

我国金矿分布广,开采的历史悠久。在距今近 4 000 年前的商代我们的祖先就已经掌握了黄金的淘洗、冶炼及加工技术。商、殷时期出现了装饰用的金箔。出土的西汉"金缕玉衣"举世瞩目。李时珍在《本草纲目》中概括了我国古代对金的认识和鉴别其纯度的方法,"金有山金、砂金两种,其色七青、八黄、九紫、十赤,以赤为足色。"

我国山东招远、广西等地均产出结晶形态较好的自然金,与方解石、石英等矿物共生。此外,黑龙江沿岸、河南小秦岭和湖南沅水流域等地均以砂金矿床产出,1986 年在我国四川省白玉县发现了一块重达 4.8 千克的自然金块,非常罕见。

三、自然银

化学成分：Ag,常含 Au、Cu 和 Hg 等杂质。

晶体形态：等轴晶系。单晶体呈立方体和八面体或两者的聚形,但极少见。集合体常呈树枝状、不规则薄片状及粒状。

颜色:新鲜断面呈银白色,但表面常因氧化而呈灰黑的锈色。

其他物理性质:金属光泽。条痕呈银白色。具强延展性,在所有金属中,银的导电性和导热性最高,摩氏硬度2.5,密度10.1~11.1克/厘米^3。

鉴别特征:新鲜面呈银白色,银白色条痕,密度大,延展性强,溶于硝酸。

观赏价值:罕见而珍贵的立方体或八面体单晶形态最具观赏价值。树枝状、发丝状的自然银晶体的集合体形态而具观赏性。与其他矿物共生的自然银价格更高。常与自然银共生在一起的不同颜色矿物包括:白色或无色——毒砂、石英、方解石等;黄色——自然铜、黄铜矿、黄铁矿;黑色——辉银矿;红色——硫砷银矿等。银是一种贵金属,常被用做首饰等。

产状产地:自然银常产于中、低温热液成因的矿床中,呈显微粒状分布于铅锌热液矿床的硫化物中。含有机质的方解石脉中常有自然银的集富。外生成因的自然银见于硫化物矿床氧化带。

我国是产银大国,最主要的储量在万吨以上的包括江西、云南和广东。其次是内蒙古、广西、湖北和甘肃,这七个省的银储量占全国总储量的60%左右。

世界上发现的自然界最大的银块体是1875年在撒克逊尼亚(即现在的英格兰)的福莱堡地下300米深处发现的,重量为5 000千克。智利也曾发现过重1 420千克的片状自然银。世界上其他产出自然银的国家有挪威、德国、加拿大、捷克、美国和墨西哥等。

第三节　硫化物类矿物晶体观赏石

一、辰砂

化学成分:HgS。又称丹砂、朱砂。

晶体形态：三方晶系。单晶体呈菱面体形，或沿 C 轴方向延伸成柱状，或垂直 C 轴方向延展成厚板状。双晶常见，常形成以 C 轴为双晶轴的矛头状穿插双晶。集合体多成粒状，有时为致密块状或被膜状。

颜色：猩红色。表面有时呈铅灰锖色。所谓锖色是指某些矿物表面因氧化而形成的薄膜所呈现的色彩，不是矿物固有的颜色。

其他物理性质：金刚光泽。条痕呈红色。解理平行$\{10\bar{1}0\}$完全。摩氏硬度 2～2.5，密度 8.05 克/厘米^3。

光学性质：一轴晶，正光性。透明至半透明，深红至褐红色。

鉴别特征：猩红色，板状或短柱状晶形，高密度，硬度低，以及常作为次生矿物产于铅矿床的氧化带中。

观赏价值：单晶体呈鲜红色。质地透明至半透明。大于 5 毫米的晶体可作观赏和收藏，且晶体越粗大越贵重。常与白色水晶晶簇和白云石晶簇、金黄色方解石晶簇共生，组成绚丽动人的"天然艺术品"，名列世界矿物晶体观赏石之首，受到矿物晶体观赏石爱好者和收藏者特别是西方许多博物馆的青睐。我国贵州、湖南产出的辰砂晶体粗大，并常见完美的矛头状双晶。1980 年我国贵州岩屋坪矿山发现一颗举世无双的辰砂粗大晶体，长 6.54 厘米，宽 3.5 厘米，高 3.7 厘米，净重 237 克，是辰砂晶体的罕见珍品，现珍藏于地质矿产部地质博物馆，被誉为"辰砂王"。我国的辰砂是在国际上早受欢迎且经久不衰的矿物之一，1982 年出版了一套矿物纪念邮票，包括辰砂、辉锑矿、黑钨矿和雄黄。

产状产地：辰砂是提炼汞的最主要矿物原料，我国是世界上出产辰砂最多的国家之一。我国古代用辰砂作为炼丹的重要原料。我国利用辰砂已有悠久的历史。辰砂的粉末呈红色，经久不褪。"涂朱甲骨"指的就是几千年前，人们把辰砂磨成红色粉末涂嵌在甲骨文的刻痕中以示醒目；"朱笔御批"指的是封建社会的历代帝王利用辰砂的红色粉末书写的批文，目的是为了看着醒目和长期保存。

我国辰砂主要产地分布于贵州东部和湖南西部，以质好量大而闻名。贵州铜仁万山一带的汞矿床,多分布在燕山期碳酸盐沉积岩带,岩层孔隙性好,构造裂隙较为发育,为辰砂提供了得天独厚的富集条件和结晶空间,使贵州辰砂晶体得以充分长大。

辰砂不仅作为矿物晶体具有很高的观赏和收藏的特点,而且也是重要的工业原料之一,辰砂晶体可作为激光技术的重要材料。同时,辰砂也具有药用作用,具有镇静、安神和杀菌等药效。

二、方铅矿

化学成分:PbS,含铅可达 86.6%。提取铅的主要矿物。常含 Ag。

晶体形态:等轴晶系。晶体常呈立方体晶形(图 5-2),有时以八面体与立方体聚形出现。通常呈粒状、致密块状集合体。

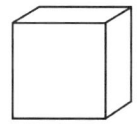 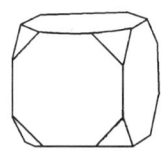 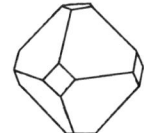

图 5-2 方铅矿晶体

颜色:铅灰色。

其他物理性质:条痕灰黑色。金属光泽。不透明。摩氏硬度 2~3,密度 7.4~7.6 克/厘米^3。解理平行{100}完全。

鉴别特征:铅灰色,条痕灰黑色。立方体完全解理,金属光泽,密度高,硬度小,溶于硝酸,并有硫酸铅的沉淀。

观赏价值:立方体晶形,以及八面体与立方体聚形。粒状、致密块状方铅矿与闪锌矿组成的集合体更具观赏价值。

产状产地及用途:方铅矿是自然界分布最广的铅矿物。形成于不同温度的热液过程,其中以中温热液过程最主要,经常与闪锌矿一起形成铅锌硫化物矿床。我国方铅矿产地最多,其中以云南金顶、广东凡口、甘肃场坝、青海锡铁山以及湖南水口山等地最为著名。

我国开采和利用铅的历史悠久。铅的用途既古老又广泛,铅字印刷、铅皮包电缆、钢板镀铅锡合金、国防、科技、铅笔芯等。铅具有很好的耐腐蚀特性。古希腊的航海家用铅漆清除附生在船底的藤壶等生物。涂了铅漆,船体就神奇地排除了藻类的蚕食,保护着船底。铅是制作兵器材料必不可少的原料。铅可以做屏蔽放射性核辐射的材料,在动力机械方面铅可以做蓄电池、电极板等。

三、闪锌矿

化学成分:ZnS,含 Zn 67%。常含有 Fe、Cd、In、Ga 等元素。

 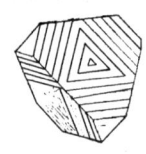

图 5-3 闪锌矿晶体

晶体形态:等轴晶系。闪锌矿晶形常呈四面体,有时呈菱形十二面体(图 5-3)(据 Berry 等,1983),但少见。常呈粒状块体。依{111}成接触双晶。结晶构造为面心立方格子。

颜色:闪锌矿近于无色,随含铁量的增加,颜色从浅黄、棕褐变到黑色。有时呈现绿、红等色,因含微量元素所致。

其他物理性质:闪锌矿的条痕颜色较矿物颜色浅,呈浅黄或浅褐色。无色晶体新鲜解理面呈金刚光泽,浅色闪锌矿呈现松脂光泽,深色闪锌矿呈半金属光泽。透明至半透明,随着含 Fe 量增加,颜色变深,透明度也相应地由透明变为半透明,甚至不透明,光泽亦随之变为半金属光泽。摩氏硬度 3.5~4。密度 3.9~4.1 克/厘米^3 均质体。折射率高达 2.37。性脆,断口呈贝壳状或参差状。

鉴别特征:松脂光泽至半金属光泽,{110}完全解理,摩氏硬度及单晶体形态,常与方铅矿共生。以较低的摩氏硬度区别于石榴子石及锡石。

观赏价值:闪锌矿的单晶体以其强的金属光泽深受人们的喜爱。在阳光的照射下,闪锌矿的晶体闪闪发光,光芒四射。如果是许多细小的闪锌矿晶体所组成的集合体,这种闪光效应则更明显。同时,颜色为红色和绿色者,因其罕见稀少,故观赏和收藏价值更高。

产状产地：闪锌矿常见于各种热液成因矿床中，是分布最广的锌矿物，往往与方铅矿共生。

我国产出闪锌矿晶体最大的矿区是云南兰坪金顶铅锌矿，这种铅锌矿部分属砂岩型铅锌矿，为世界之最。其次是广东韶关仁化县凡口矿以及青海锡铁山等。

国际上最著名的闪锌矿主要产地包括澳大利亚的布罗肯希尔、美国密西西比河谷地区等。

四、雄黄

化学成分：AsS。As 高达 70%，一般较纯净，很少含杂质。

晶体形态：单斜晶系。单晶体通常细小，呈短柱状（图 5-4），一般以致密粒状或土状块体产出。

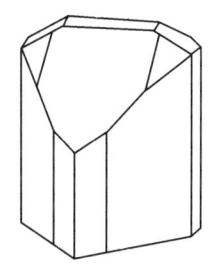

图 5-4　雄黄晶体

颜色：鲜红至橙红色，条痕淡橘红色。长久暴露于阳光下，易变成橘红色、红黄色的粉末，这种现象称为雄黄的雌黄化。由于雄黄常与雌黄共生在一起，犹如一对"鸳鸯"，因此人们常称它们为"鸳鸯矿物"。

其他物理性质：晶面上呈金刚光泽，断口呈树脂光泽。透明到半透明。具多组解理。摩氏硬度 1.5～2，密度 3.6 克/厘米^3。二轴晶负光性，折射率 $N_p=2.538$，$N_m=2.684$，双折射率为 0.166。

鉴别特征：橘红色，摩氏硬度低，短柱状。火烧会发出蒜臭味。

观赏价值：鲜艳的颜色和光泽是其主要的观赏价值。粗大晶体非常少见因而价值很高。如果鲜红色的雄黄与透明的方解石及橙黄色的雌黄共生在一起，则更显得绚丽多姿，极具观赏价值。但是，雄黄在开采、搬运、加工、经销过程中很容易破损，而且雄黄性质不稳定，在光线照射下逐渐变成橙红的粉末，因此保存条件十分重要。

产状产地与用途：产于低温热液矿床和温泉沉积物中。经常与雌黄、辰砂、辉锑矿、石英、方解石等矿物共生。我国发现的最大雄黄晶体,产于湖南石门,长6厘米,宽5.4厘米,高3.5厘米,重255.32克,为世界罕见,现藏于北京大学地质陈列馆内。湖南石门县雄黄矿产出的雄黄晶体,近年来在国际市场上极为畅销,被誉为"教科书式的标准矿物",石门被公认为世界上雄黄晶体最好的产地。该矿区的雄黄晶体一般1～3厘米,多与方解石、雌黄共生构成晶簇。除湖南外,湖北、云南、贵州、四川等地也是雄黄的主要产地。

国外雄黄晶体的主要产地包括美国、罗马尼亚、瑞士及捷克斯洛伐克、日本等。

雄黄除作为观赏石外,还是一种矿物中药。据中医典籍记载,雄黄性辛、温,有毒,一般用于治疗痈肿疔疮、哮喘、疟疾等病症,如果有蛇虫咬伤的话,用雄黄制成的药膏涂抹在患处效果较好。中医将雄黄入药,制作雄黄酒,在端午节时饮用。湖南石门不仅是世界著名雄黄矿床的产地,而且是中国药用雄黄的唯一产地。

五、雌黄

化学成分:As_2S_3。是提取 As 和 S 的重要矿物。

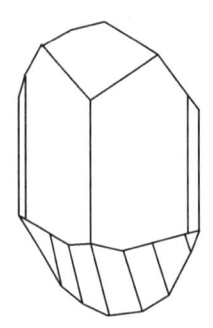

图5-5 雌黄晶体

晶体形态:单斜晶系。单晶体呈短柱状或板状(图5-5)。集合体呈片状、梳状、土状等。

颜色:柠檬黄色。雄黄经蚀变可转化为柠檬色雌黄。

其他物理性质:条痕鲜黄色。透明至半透明。金刚光泽至油脂光泽。摩氏硬度1.5～2,密度3.5克/厘米^3。熔点为320℃,灼烧时会发出一种大蒜味。

鉴别特征:柠檬黄色,条痕鲜黄色,摩氏硬度低,平行{010}极完全解理,雌黄解理片具挠性。

观赏价值:金刚光泽,柠檬黄色以及与雄黄、方解石等矿物共生而组成的颜色鲜艳的集合体观赏价值很高。尤其是大于3厘米的雌黄晶体构成的晶簇及长1～3厘米被橙黄至无色方解石包裹的雌黄晶体极具观赏价值,价格昂贵。

产状产地及用途:与雄黄相似,雌黄主要产在低温热液矿床及温泉沉积物中。与雌黄、辰砂、石英、方解石等矿物共生。湖南石门县雄黄矿出产完美、粗大的雌黄晶体,该矿区的雌黄晶体一般长2～3厘米,最长可达10厘米。1982年我国发行唯一的一套四种矿物邮票就包括雌黄(雌黄、辉锑矿、辰砂和黑钨矿)。

世界著名的雌黄产地是马其顿的阿尔查尔、格鲁吉亚的鲁库米斯(晶体最大可达5厘米)、德国萨克森和美国犹他州、秘鲁、匈牙利、南斯拉夫、希腊、土耳其等。中国湖南慈利和云南南华也有出产。但1厘米长的雌黄晶体很少见到,在1992年,美国内华达州尤里卡县发现有罕见的绿褐色雌黄晶体,最大达3厘米×8厘米,深受观赏者、收藏者青睐。

雌黄除作为观赏石外,还可以用来制成颜料或做褪色剂。

六、磁黄铁矿

化学成分:$Fe_{1-x}S$。

晶体形态:六方晶系。单晶体呈六方板状、柱状(图5-6)。很少见。通常呈致密块状、不规则的粒状和浸染状集合体。

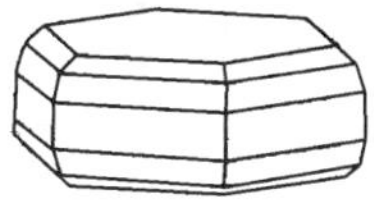

颜色:暗青铜黄色,表面常具褐锈色。

其他物理性质:条痕灰黑色。摩氏硬度为3.5～4.5。密度4.58～4.70克/厘米^3。具有平行于底面的裂理。具磁性。

图5-6 磁黄铁矿晶体

鉴别特征:暗青铜黄色,硬度小,具弱磁性至强磁性。

观赏价值:以其特征的古铜黄色以及六方板状和柱状的晶形而具观赏价值。与磁铁矿、黄铜矿及锡石、闪锌矿共生的集合体观赏价值极高。

产状产地:磁黄铁矿分布于各种类型的内生矿床中。如基性岩体内的铜镍硫化物岩浆矿床、接触交代矿床以及一系列热液矿床,常与磁铁矿、黄铜矿和镍黄铁矿共生,在沉积变质岩和铁矿中也有广泛分布。常与黄铜矿、镍黄铁矿共生。世界上最著名的产地是加拿大的肖德贝里,其次是美国和墨西哥。我国甘肃金川和吉林盘石也是世界最大型铜镍硫化物矿床之一,富产磁黄铁矿。

七、辉钼矿

化学成分:MoS_2。

晶体形态:六方板状,但往往不完整,底面上常有条纹。常呈叶片状、鳞片状集合体产出。依{0001}面成双晶或平行连生。晶体结构见图5-7(据Berry等,1983)。

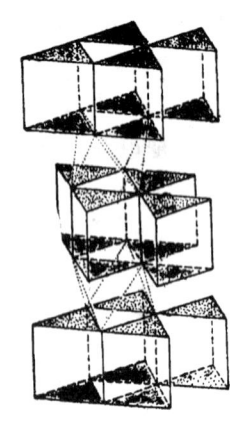

图5-7 辉钼矿晶体结构

颜色:呈铅灰色。

其他物理性质:条痕为灰黑色,强金属光泽。一组极完全底面解理。摩氏硬度约为1,密度可达5克/厘米^3。薄片具挠性。具滑腻感。

鉴别特征:强金属光泽,铅灰色,条痕为灰黑色,一组极完全解理。

观赏价值:完整的单晶或带基岩的辉钼矿晶体观赏价值很高。

产状产地:辉钼矿呈散染状和细脉状产于火成岩、矽卡岩和片岩中。此外,在许多锡石-黑钨矿石英脉矿床中,辉钼矿也是常见产物。最重要的钼矿床为斑岩钼矿和接触交代钼矿。我国钼矿储量居世界首位。辽宁的杨家杖子是主要产地。河南、山西、江西、陕西、浙江等省的钨锡石英脉矿体中也常见到呈细小的辉钼矿,晶体多为1~3厘米,难采出完整、带基岩的标本。

国外辉钼矿的产地有加拿大、美国、日本、澳大利亚及韩国等。如美国科罗拉多州克里亚克里科县的尤拉德(Urad)矿产出的辉钼矿,最大的达 12.5 厘米,与水铝铁矿、石英及绿柱石共生。

八、辉锑矿

化学成分:Sb_2S_3。

晶体形态:正交晶系。单晶呈带锥面的长柱状或针状,柱面具明显的晶面纵纹(图 5-8)。常呈柱状、针状、放射状或致密粒状集合体。在{010}的解理面上常有横的聚片双晶纹。

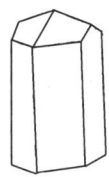 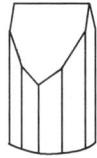

图 5-8 辉锑矿晶体

颜色:铅灰色,表面常带有暗蓝锖色。

其他物理性质:条痕黑灰色,强金属光泽,不透明,沿柱面发育有一组完全解理,性脆。摩氏硬度 2~2.5,密度 4.52~4.62 克/厘米^3。熔点较低,蜡烛加热可以使之熔化。

鉴别特征:以长柱状晶形及晶面纵纹,解理面上有横纹,铅灰色等特征而区别于其他矿物。

观赏价值:以其强金属光泽、明显的晶面纵纹以及完整的晶形而具观赏价值。

产状产地:辉锑矿是提炼锑的最重要的矿物原料。辉锑矿常与黄铁矿、雌黄、雄黄、辰砂、方解石、石英等共生于低温热液矿床。中国是著名的产锑国家,储量居世界第一,尤以湖南新化锡矿山的锑矿储量大质量高。新化锡矿山是世界上最著名最大的辉锑矿产地,锡矿山因此被誉为"世界锑都"。锡矿山晶洞中产出大量完好的锑矿石单晶和晶簇,晶体长一般 5~30 厘米,最长超过 50 厘米。远销美国、日本、德国及香港的数量很多,在国际宝石矿物展销会上引起轰动,收藏者争相购买。而且锑常与金、钨、铅和锌相伴产生,独具工业价值的"沃溪式"伴生金矿床,是中国已知金矿床中独具远景的新类型。

目前世界上最为著名的辉锑矿的产地是中国、日本和罗马尼亚等国。

九、黄铜矿

化学成分：$CuFeS_2$。常含有 Au、Ag 和 Te 等杂质。

晶体形态：四方晶系。完整的单晶体很少见,晶形呈四方四面体(图 5-9)(据刘文龙,1994)。{112}晶面上常出现生长条纹。集合体常为不规则的粒状、致密块状和分散状。

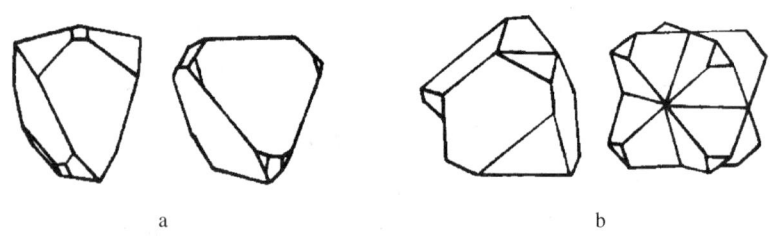

图 5-9
　　a. 黄铜矿晶体　b. 黄铜矿双晶

颜色：黄铜色,但往往带有暗黄或斑状锈色。

其他物理性质：条痕绿黑色,金属光泽。断口参差状或贝壳状,无解理。摩氏硬度 3.5～4,小刀可以刻划,性脆。解理平行{112}和{101}完全。密度 4.1～4.3 克/厘米^3。在地表风化作用下,黄铜矿常变为绿色的孔雀石和蓝色的蓝铜矿。

鉴别特征：黄铜矿易被误认为黄铁矿和自然金,但以其更黄的颜色和较低的摩氏硬度与黄铁矿相区别,以其绿黑色的条痕、性脆及溶于硝酸与自然金相区别。黄铜矿的脆性也是区别于延展性能很好的自然金的重要特征。

观赏价值：黄铜色,粗大晶体较稀少而价值高,与石英等浅色矿物共生一起的黄铜矿观赏价值更高。晶形奇特及以包裹体形式产在其他透明矿物中者最具观赏价值。大于 1.5 厘米的晶体不多见,3 厘米以上的十分难得,价值很高。

产状产地:黄铜矿是提炼铜的主要矿物之一,是仅次于黄铁矿的最常见的硫化物之一,也是最常见的铜矿物。常与磁黄铁矿共生产于基性岩中。在接触变质矿床内,与磁铁矿和黄铁矿共生。在热液矿脉中与石英、碳酸岩、黄铁矿及方铅矿共生。绚丽的晶体多产自热液矿脉的晶洞内。国内晶体较好的黄铜矿产在江西、湖南、吉林等省的热液型铜铅锌或钨锡矿床中,与闪锌矿、方锡矿、黄铁矿、毒砂、石英、萤石、方解石等共生。中国的黄铜矿分布较广,除上述产地外,著名产地还有甘肃白银厂、山西中条山、长江中下游的湖北安徽和西藏高原等。

世界著名产地是西班牙的里奥廷托、德国的曼斯菲尔德、瑞典的法赫伦、美国的亚利桑那和田纳西州、智利的丘基卡马塔以及英国等国家等。

十、黄铁矿

化学成分:FeS_2。成分中通常含 Co、Cu、Ni、Au 等杂质。

晶体形态:晶体属等轴晶系。常有完好的单晶形态,呈立方体、五角十二面体,较少呈八面体(图 5-10)(据刘文龙,1994)。立方体晶面上有与晶棱平行的晶面条纹,三组晶面条纹相互垂直。依(110)为双晶面的双晶,即"铁十字律"双晶。集合体呈致密块状、散杂粒状或结核状。

a. 立方体

b. 五角十二面体

c. 立方与五角十二面体的聚形

d. 八面体与五角十二面体聚形

e. 双晶

图 5-10 黄铁矿晶体和双晶

颜色：浅黄铜色，条痕绿黑色。

其他物理性质：强金属光泽，不透明，无解理，参差状断口。摩氏硬度较大，达 6~6.5，小刀刻不动。密度 5 克/厘米³。在地表条件下易风化为褐铁矿。

鉴别特征：晶面上具有三组相互垂直的晶面条纹为其主要鉴别特征。黄铁矿因其浅黄铜的颜色和明亮的金属光泽，又常被误认为是黄金，故又称为"愚人金"。两者的区别是：黄金在不带釉的白瓷板上划出的条痕是金黄色的，而黄铁矿的条痕是绿黑色的。另外，用手掂时手感特别重的是黄金，因为自然金的密度是 19.3 克/厘米³，而黄铁矿只有 4.9~5.2 克/厘米³。

观赏价值：黄铁矿具有黄金般浅黄铜的颜色、明亮的金属光泽和完好的晶形，外观上非常相似于黄金，故又称为"愚人金"。

产状产地：黄铁矿是地壳中分布最广的矿化物。黄铁矿在火成岩、沉积岩和变质岩石中均可出现。黄铁矿含量最大的矿床是产于火山岩系中的含铜铁矿层，由火山沉积和火山热液作用所形成。外生成因的黄铁矿见于沉积岩、沉积矿床和煤层中，往往成结核状和团块状。

世界著名产地有西班牙里奥廷托、捷克、斯洛伐克、美国和墨西哥等。西班牙的黄铁矿享有"全球之最"的美誉。

中国黄铁矿著名产地有湖南耒阳上堡、广东英德和云浮、安徽马鞍山、甘肃白银厂等。湖南耒阳上堡硫铁矿产有许多非常漂亮的黄铁矿晶体，是我国目前最好的黄铁矿产地之一。浙江、湖北、陕西等省的热液矿床中，也产有一些很好的黄铁矿晶体。

十一、毒砂

化学成分：FeAsS。常含 Co(钴)等类质同像混入物。

晶体形态：晶体属单斜晶系。单晶体常呈柱状(图 5-11)(据刘文龙，1994)。{012}面有晶面条纹。依{012}成穿插双晶或三连晶。集合体往往为粒状或致密块状。

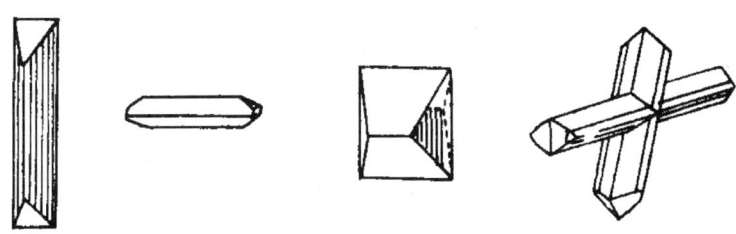

图 5-11 毒砂晶体和双晶

颜色：锡白色，条痕灰黑色。毒砂表面易氧化成锖色。

其他物理性质：金属光泽，摩氏硬度 5.5～6.0，密度 6.2 克/厘米³。锤击发出砷的蒜臭味。

鉴别特征：锡白色，柱状晶形，具有晶面条纹，硬度较高，锤击之发蒜臭味为其鉴别特征。

观赏价值：晶体常有晶面条纹、穿插双晶或三连晶使毒砂具有较强的观赏性。

产状产地：毒砂中国古代称为白砒石。毒砂是分布最广的一种硫砷化物，常含类质同像混入物钴，所以毒砂除可以作为提取砷及制造砷化物的原料外，还可以用来提取钴。

毒砂常产于高温和中温热液矿床、伟晶岩、接触变质矿床及变质岩中。在钨锡矿脉中与黑钨矿、锡石共生。华南一些钨锡石英脉矿床中能见到晶体粗大完美的毒砂晶体，如著名的湖南宜章瑶岗仙鹤矿。世界著名产地有德国的弗赖贝尔格、英国的康沃尔、加拿大的科博尔等地。中国的毒砂多分布于湖南、江西、云南等地。

第四节　卤化物类矿物晶体观赏石

萤石

化学成分：CaF_2。

晶体形态：等轴晶系，单晶体多呈立方体（图 5-12），少数为八面体及菱形十二面体,在立方体面上有时出现镶嵌式花纹。双晶常见,由两个立方体、相互贯穿而成,双晶面为(111)。常呈晶簇、粒状或块状集合体。

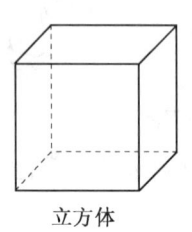
立方体

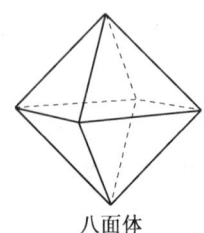
八面体

图 5‑12　萤石的晶体

颜色:萤石常见的颜色是紫色、蓝色和绿色,而无色、黄色则少见。

其他物理性质:玻璃光泽。解理平行{111}完全,摩氏硬度 4,密度 3.18 克/厘米^3。透明至半透明。颜色多种多样。紫外光下多呈蓝、紫色荧光,暗紫色萤石不具有荧光性。

鉴别特征:最主要的鉴别特征是萤石的晶形及其发光性。其次是其颜色和均质体。均质体在偏光镜下旋转 360°呈全暗。

观赏价值:萤石因在紫外光下能发出蓝、紫色荧光和通体微蓝至乳白色的磷光,而有"夜明珠"之称,自古以来都是人们叹为观止的神奇观赏矿物之一。萤石是一种磷光效应明显的矿物,据胡家燕报道,2003 年 7 月,上海宝玉石检测中心检测了一件目前上海最大的萤石夜光寿星。萤石夜光寿星高 0.92 米,重 236 千克,颜色浅绿、翠绿、乳白,通体荧光呈强紫蓝,通体磷光呈微蓝乳白色。

近年玩石、藏石界掀起了一个夜明珠收藏热潮。夜明珠确切地说,应称为矿物发光材料。发光性是由于矿物在外加能量的激发下能发射出某种可见光的性质。

除磷光效应外,萤石还以其颜色,尤其是紫色和立方体和八面体的完整晶形而备受矿物晶体收藏者青睐。

产状产地：萤石通常是晚期结晶的气成热液矿物，广泛产于热液矿脉或蚀变交代岩石中。也见于沉积作用形成的石灰岩中。但以热液成因、脉状产出为主。

我国是萤石生产大国。最主要的萤石产地是浙江武义，其萤石储量高达4 000万吨，产出的萤石品位高，质量上乘，因此有"萤石之乡的美誉"。其次是新疆富蕴县扎河坝萤石矿区。该矿区位于新疆阿勒泰地区，常年开采萤石。尤其是2000年在该矿体核部采出一块墨绿色萤石晶体，重达86 kg，夜间在15米以外可看到强烈的发光效应，实属罕见。

湖南耒阳上堡硫铁矿也是世界著名的萤石晶体产地之一。所产的萤石以绿色为主，其次为蓝色、无色，多呈立方体、八面体，晶体以1~2厘米居多，最大者超过5厘米，与黄铁矿、石英、方解石、白云石、重晶石等矿物共生。湖南桃林铅锌矿、江西漂塘铝矿、浙江某萤石矿等矿区也产有许多光彩夺目的萤石晶体，但随采掘深度的增加，晶洞已越来越少。

世界上主要萤石的产地有南非、墨西哥、美国、俄罗斯、泰国和西班牙等。

第五节 氧化物与氢氧化物类矿物晶体观赏石

一、刚玉

化学成分：Al_2O_3，可含微量的Fe、Ti或Cr等元素。

晶体形态：属三方晶系。单晶多呈桶状双锥形，或双锥与底板面的聚形(图5-13)，较少为厚板状，晶面上常有斜纹或横纹。集合体呈粒状或致密块状。

颜色：刚玉中因含有不同的微量元素，因而呈不同的颜色。其中含铬元素的呈红色，如果达宝石级的便是红宝石；而其他颜色的刚

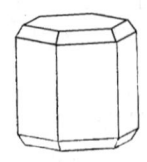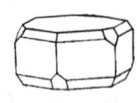

图 5-13 刚玉的晶体

玉类达宝石级的皆称蓝宝石。一般为蓝灰、黄灰、红和绿色,含少量的铁和钛呈蓝色,红宝石和蓝宝石是透明的红色和蓝色宝石级刚玉的别称。

其他物理性质:玻璃光泽,无解理,裂理发育,摩氏硬度9,密度3.98 克/厘米^3。

鉴别特征:以其单晶体的形态、高摩氏硬度等特征区别于其他相似矿物。

观赏价值:颜色鲜艳透明者可作贵重宝石,如红宝石、蓝宝石等。红宝石是刚玉中最贵重的宝石。其中致色元素铬的含量愈高,颜色愈红,而鲜红且均匀者为最佳,缅甸产的"鸽血红"属这种颜色,是罕见的珍品。

更具观赏性的是罕见的、珍贵的"鸳鸯宝石"——宝石晶体一半为蓝宝石,另一半为红宝石。1993 年在我国著名的蓝宝石产地——山东省昌乐地区发现了这种罕见的"鸳鸯宝石",重达 675 克拉。

在山东省昌乐地区还曾发现一重达 155 克拉的蓝黑色星光蓝宝石,同样极富观赏价值。星光效应是宝石的一种特别的光学效应,是由于宝石内部含有定向密集排列的针状或纤维状矿物包裹体。蓝宝石中因含有定向排列的针状金红石包体而呈现六射星光。星光蓝宝石因其艳丽的星光色彩而被称为"命运之石"。此类宝石往往不很透明,但其价值却非常高。世界上最大的星光蓝宝石是"印度之星"(Star of India),重 563 克拉。其六射星光完美无缺,而且瑕疵极少,虽然色泽不够艳丽,但是也不失为稀世珍宝。我国在新疆天山地区发掘出一种稀有的天然蓝宝石具有变色效应,在日光下呈紫色,在灯光下呈黄色,属天然蓝宝石的新品种,也是蓝宝石的观赏最佳品质之一。

20世纪90年代出现观赏宝石以来,山东昌乐地区发现了美妙的具观赏价值的蓝宝石。

红宝石自古以来就被人们看作是吉祥如意的象征,国际宝石界把蓝宝石定为"九月生辰石",是忠诚和坚贞的象征。

产状产地:刚玉常产于穿插于超基性岩内的伟晶岩中以及高铝低硅的变质岩中,并常见于冲积砂矿中。世界著名产地有俄国的乌拉尔山脉、南非的德兰士瓦、加拿大的安大略、土耳其的士麦那、希腊的纳克索斯。而宝石级的砂矿刚玉主要产于缅甸、斯里兰卡、泰国、坦桑尼亚、美国蒙大拿州。

2000年在我国新疆拜城县北部黑英山一带的斜长岩脉与大理岩接触带中,发现了宝石级红刚玉。虽然刚玉粒度较小,但色彩艳丽,晶体完好。拜城县位于新疆中西部,矿产资源丰富,前景非常可观。刚玉多呈玫瑰红色,单晶体为柱状或菱面体,多以晶簇或集合体产出,半透明至透明,晶体一般在1.2厘米×0.7厘米～1.0厘米×0.5厘米之间,晶体内裂纹发育。

1986年在山东省昌乐地区方山一带的橄榄玄武岩中发现了原生蓝色刚玉矿,含矿面积达300平方千米。起初,当地人拣起这种蓝黑色的石头,用作烟袋上的饰物,并借以击石取火,被称为"乌金火石"。山东蓝宝石以蓝黑色为主,亦见有深蓝、蓝绿、黄绿等色;粒径一般在0.5～3厘米之间,大者可达8厘米以上。常见数克至数十克重的蓝刚玉,百克重的蓝刚玉也屡见不鲜,最大的一颗近千克重,被誉为"东方之最"。1993年曾发现一颗重达120多克拉的蓝刚玉。

云南元江小羊街红宝石矿是目前国内最好的红宝石矿。目前发现的红宝石赋存于大理岩为主的变质岩系地层中,所产出的红宝石形态一般呈它形不规则粒状、蜂窝状、集合体状,少量呈半自形粒状及半浑圆状,自形晶者甚少。粒度一般为 0.2~1 厘米,最大粒度可达 5 厘米以上(单粒达 121.6 克)。颜色丰富,主要为桃红色至血红色。

二、金红石

化学成分:TiO_2。它有两个同质多相变体,即板钛矿和锐钛矿。

晶体形态:四方晶系。单晶体常呈带双锥的柱状或针状晶体,柱面常有纵纹(图5-14)。膝状双晶常见。金红石显微针状晶体常被包裹于石英、金云母、刚玉等晶体中,尤其在刚玉中呈六射星形分布形成星光红宝石和星光蓝宝石。在水晶晶体中也常包裹有金红石针状包裹体,称为"发晶"。

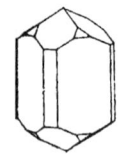 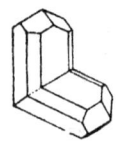 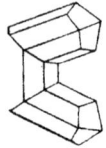

图5-14 金红石晶形和双晶

颜色:通常呈红褐色到黑色,条痕浅褐色。

其他物理性质:金刚光泽到半金属光泽,柱面解理清楚。摩氏硬度6.5,密度$4.2\sim5.6$克/厘米^3。

鉴别特征:以其红褐色、金刚光泽、晶面条纹等区别于锡石和锆石等相似矿物。

观赏价值:鲜艳的红褐色和金刚光泽而具有较大的观赏价值。尤其是针状的金红石被水晶晶体所包裹而形成的"发晶"和针状金红石平行定向排列被红宝石、蓝宝石等所包裹而形成的十二射星光或六射星光极具观赏价值和收藏价值。

产状产地:金红石主要用于提取钛和制造白色颜料。常作为副矿物产于花岗岩、伟晶岩、片麻岩、云母片岩和榴辉岩等岩石中,也以碎屑或砂矿形式分布于沉积岩或沉积物中。金红石和磁铁矿、钛铁矿、锆石、石榴子石、独居石等抗风化能力较强的矿物共生在一起。

世界著名产地有挪威、瑞典、俄罗斯伊尔门山、澳大利亚的新南威尔士和昆士兰、美国的弗吉尼亚等。而澳大利亚是世界上最大的金红石生产国。中国江苏、辽宁、山东、河南、湖北、安徽等省也有产出。世界级特大型金红石矿床为我国河南省南阳市方城县金红石矿。该矿带长30千米,宽800米到2 000米,面积约60平方千米。总资源量达5 726万吨,相当于500个大型金红石矿床的规模。

江苏连云港市东海县的金红石矿是全国4个钛金属基地之一。东海县的金红石矿,分布在陆湖、青龙山、安峰、石湖、曲阳一带,有大大小小200多个榴辉岩体。其中以安峰乡毛北岩体为最大,该地区所产的金红石中含的金属钛元素,色银白,质坚而轻,制成钛合金,是飞机制造等业的良好材料。

三、石英

化学成分:SiO_2。

晶体形态:晶体属三方晶系。SiO_2 一般分为两种——低温石英及高温石英。水晶的生长温度约在550℃～600℃间,在550℃～573℃之间生成的属于低温石英,常见的水晶即属此类,是石英族矿物中分布最广的一个矿物种。低温石英常呈带尖顶的六方柱状晶体产出,柱面有横纹,类似于六方双锥状的尖顶实际上是由两个菱面体单形所形成的(图5-15)。石英集合体通常呈粒状、块状或晶簇等。

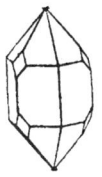
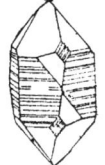

图5-15 石英的晶体

573℃～600℃之间生成的属于高温石英,玛瑙就是常见的高温石英。还有一种高压环境下形成的石英即柯石英,通常在地下深处或天体撞击下可发现这种高温石英。

石英双晶十分普遍,常见的有道芬双晶、巴西双晶和日本双晶。它们的形态见图 5-16(据 Berry 等,1983)。

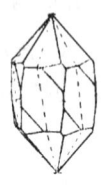  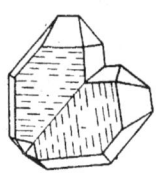

道芬双晶　　　　　巴西双晶　　　　　日本双晶

图 5-16　石英的双晶

颜色:纯净的石英无色透明,常因含有其他的杂质元素而呈现不同的颜色。

(1) 无色水晶。无色水晶也称水晶,无色透明。成分主要由纯的晶质 SiO_2 组成。

(2) 紫水晶。呈紫色或淡紫色,含 Mn 和 Fe^{3+}。晶体透明,在二色镜下观察具有明显的多色性。在希腊文中,紫晶的意思是"不易破碎"。紫晶颜色高雅,是水晶中最受人们喜爱的品种,被定为 2 月生辰石,象征诚实,内心平和。

(3) 黄水晶。金黄色或柠檬黄色,含 Fe^{2+}。

(4) 蔷薇水晶。浅玫瑰色,含 Mn 和 Ti。玻璃光泽,断口呈油脂光泽,贝壳状断口。

隐晶质的石英一般称为玉髓,而具有不同颜色条带的或花纹相间分布的玉髓称为玛瑙。玛瑙最常见的不同颜色和花纹所组成的同心圆状和似同心圆状结构。

除以上几种不同颜色的水晶品种外,还有浅黄褐色到褐色至深褐色的过渡品种。如:烟水晶、茶晶、墨晶等。天然绿水晶很少见,因此观赏价值也很高。

其他物理性质：透明至半透明，有时不透明，玻璃光泽。断口贝壳状，呈油脂光泽。摩氏硬度7，密度2.65克/厘米^3。具压电性。一轴正光性，折射率：$N_o=1.544$，$N_e=1.553$，双折射率为0.009。

鉴别特征：晶形，玻璃光泽，贝壳状断口上具油脂光泽，高摩氏硬度等区别于其他相似矿物。水晶与玻璃的区别：首先，天然水晶在形成过程中，往往受环境影响总含有一些杂质包裹体，如金红石等。而玻璃内部用放大镜仔细观察会发现几个甚至一连串的气泡存在无矿物包裹体存在。其次，天然水晶由于是晶体，热导率较玻璃高，因此，手摸之有凉爽的感觉，而玻璃则有温感。再者，用偏光镜检查：由于玻璃属于非晶体，而水晶为晶体，因此，在偏光镜下转动360℃有四明四暗变化的是天然水晶，全黑的是玻璃。

观赏价值：质地、颜色、包裹体、造型以及与其他颜色搭配协调的矿物的共生是其主要的观赏价值之所在。就质地而言，透明至半透明的石英观赏价值高。尤其是达宝石级的石英——水晶最受人们青睐。颜色方面，紫晶、蔷薇水晶、烟晶具有较高的观赏价值。某些有色水晶中见到颜色分带，色带平行于柱面。有些水晶往往在同一晶体上有不同的颜色存在，或称为双色水晶。而有些紫晶在下端色浓，往顶部变为无色。

一般而言，包裹体的存在会影响水晶的质量和其观赏价值。但是如果水晶中存在某些较特殊的包裹体时，其观赏价值极高。通常根据水晶中所含的包裹体将其划分和命名为：

（1）发晶。

发晶是指包含针状或发状矿物包裹体的水晶，如金红石发晶、电气石发晶、阳起石发晶等。

（2）水胆水晶。

水胆水晶是指具有肉眼可见的液态包裹体的水晶。

造型方面，完美标准的晶形自然受人喜爱，但某些"丑"得出奇的水晶歪晶其观赏价值也很高。

除此之外，水晶大小、晶体完整性、表面光泽及横纹清晰程度及矿物组合等方面也影响水晶的观赏价值。

产状产地：石英是最重要的造岩矿物之一，是自然金最重要的伴生矿物。在火成岩、沉积岩、变质岩中均有广泛分布，主要产于伟晶岩、矽卡岩和热液矿脉中的晶洞内。巴西是世界著名的水晶出产国，曾在巴西的意达波尔发现直径2.5米、高5米、重达40余吨的水晶晶体。世界上最优质的水晶球产于缅甸，直径21厘米，重48.54千克，整个水晶球纯净无瑕，透明如水，无裂纹，十分珍贵，现收藏于美国华盛顿斯密森博物馆。世界最大的水晶晶簇群重7.8吨，产于美国阿肯色州。

国内最著名的水晶产地有：

（1）江苏东海县。东海县水晶储量500万吨以上，年开采量600吨，占全国储量50%~60%，为中国水晶储量之最。水晶主要产自花岗伟晶岩型水晶脉及砂矿。1958年在该县房山镇拓塘村挖出了一块长1.7米、重3500千克的中国"水晶王"，现陈列于中国地质博物馆。1991年10月1日，该县举办了首届中国水晶节。

（2）海南羊角岭。羊角岭水晶矿床属于矽卡岩型，矿体长240米，宽90~130米，深度150米，是我国开发最早的天然水晶矿，所产出的水晶透明度高，质地纯净，质量上乘，被誉为世界上优质水晶显著富集的矿区。

国外最为著名的水晶产地包括：

巴西南部的意达波尔产有大量的粉红色和无色水晶，世界上最大的水晶单晶（长55米，重40余吨）即产于此地。

巴西最南端的里奥格兰德多索尔及其以南的乌拉圭境内，以盛产紫水晶和紫晶玛瑙球而举世瞩目。

目前世界上最好的烟晶产自瑞士，晶体几乎没有包裹体和裂隙，表面光泽特别耀眼夺目，并且往往带有基岩。瑞士水晶产量很大，如在津科斯多克一个晶洞就采出50吨的水晶。

石英除具有观赏价值外，还可以制作石英钟、光学仪器、精密仪器的轴承、研磨材料、玻璃陶瓷等工业原料。

四、钛铁矿

化学成分:$FeTiO_3$,TiO_2 为 52.66%,FeO 为 47.34%。常含类质同像混入物 Mg 和 Mn。在 950℃ 以上,钛铁矿与赤铁矿形成完全类质同像,当温度降低时即发生离溶,故钛铁矿中常含有细鳞片状赤铁矿包体。而在一般温度下只能形成有限的类质同像(Fe_2O_3<6%)。

晶体形态:三方晶系。菱面体和六方柱晶体单形发育(图 5-17)。集合体常呈不规则粒状和致密块状。

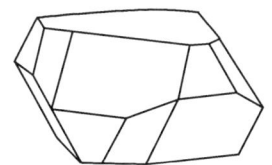 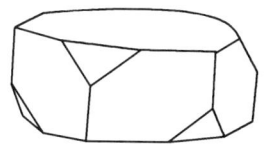

图 5-17 钛铁矿的晶体

颜色:铁黑色至刚灰色。

其他物理性质:半金属光泽。条痕为黑色,含赤铁矿者带褐色。摩氏硬度 5~6,密度 4.72 克/厘米^3。无解理。次贝壳状断口。不透明。微具磁性。

鉴别特征:钛铁矿可依其晶形、条痕和弱磁性与其相似的赤铁矿、磁铁矿相区别;此外,将钛铁矿溶于磷酸中,稀释后加 Na_2O_2,可使溶液呈黄褐色。

观赏价值:钛铁矿单晶体的菱面体和六方柱形态。

产状产地:钛铁矿主要形成于岩浆作用,常与磁铁矿一起产于基性岩中。但与碱性岩有关的内生矿床中也常有钛铁矿产出;此外,常见于砂矿中。

世界著名产地有挪威的克拉革罗、中国承德等地。广东省化州市平定镇是我国钛铁矿主要产地之一。2000 年 12 月在山东省莒县天宝地区发现了钛铁矿体,规模较大,形态简单,矿体直接裸露地表,矿石质量较好。

五、尖晶石

化学成分：$MgAl_2O_4$。化学成分中类质同像替代很普遍，常可含铁、锌、铬、锰等。

晶体形态：等轴晶系。单晶体常呈八面体晶形，有时也呈菱形十二面体（图5-18）。在菱形十二面体上沿对角线方向常出现条纹。双晶依(111)成尖晶石律接触双晶。集合体呈致密块状和粒状。

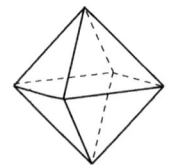 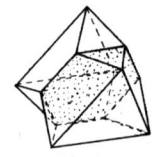

图5-18　尖晶石的晶体

颜色：通常呈红色（含Cr）、绿色（含Fe^{3+}）、褐黑色（含Fe^{3+}和Fe^{2+}），无色者少见。

其他物理性质：玻璃光泽，摩氏硬度8，无解理，密度3.55克/厘米^3。

鉴别特征：以其八面体晶形、颜色而区别于其他相似矿物。

观赏价值：颜色透明、色泽鲜美者可作为宝石，价值较高。1660年一粒被称作"黑色王子红宝石"的红色尖晶石，镶在了英帝国国王的皇冠中心最显眼的地方。

产状产地：尖晶石可由接触变质作用形成，也可由基性、超基性岩浆结晶或从上地幔捕虏形成。

六、黑钨矿

化学成分：$(Fe,Mn)WO_4$。又称为钨锰铁矿，是端员组分为钨锰矿（$MnWO_4$）与钨铁矿（$FeWO_4$）的完全类质同像系列。

晶体形态：晶体属单斜晶系。常呈沿C轴延伸的{100}呈板状或短柱状(图 5-19),[001]晶带中的晶面上常具有平行于 C 轴的纵纹。集合体呈板状、刀片状或粗粒状。

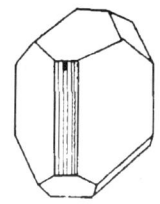 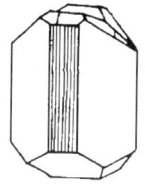

图 5-19　黑钨矿的晶体

颜色:一般为褐红色至黑色。颜色随铁、锰含量而变化,含铁愈多,颜色愈深。条痕黄褐色至黑褐色。

其他物理性质:金属光泽至半金属光泽,有一组完全的板状解理,密度随含铁量的增大而增大,一般为 7.12～7.51 克/厘米^3,摩氏硬度 4～4.5,一般具有弱磁场。

鉴别特征:颜色褐红色至黑色、条痕暗黑色、板状或柱状晶形半金属光泽和密度高为其主要鉴别特征。

观赏价值:完整粗大的板状晶形,并与萤石、水晶、白钨矿、毒砂等颜色各异的矿物共生者,具有重要的观赏价值;被白钨矿交代的黑钨矿假象,具独特的观赏价值。有时见到黑钨矿与白钨矿或与菱锰矿两种不同的含 W 或 Mn 的矿物共生,为难得的精品。

产状产地:黑钨矿是炼钨的最主要的矿物原料。主要产于高温热液石英脉中。中国赣南、湘东、粤北一带是世界著名的黑钨矿产区。其他主要产地有俄罗斯西伯利亚、缅甸、泰国、澳大利亚、玻利维亚等地。

七、白钨矿

化学成分:$Ca[WO_4]$。又名钙钨矿。成分中可含有少量 MoO_3 和 CuO。

晶体形态:四方晶系。单晶体为近于八面体的四方双锥(图 5-20)(据刘文龙,1994)。集合体多为粒状、致密块状。

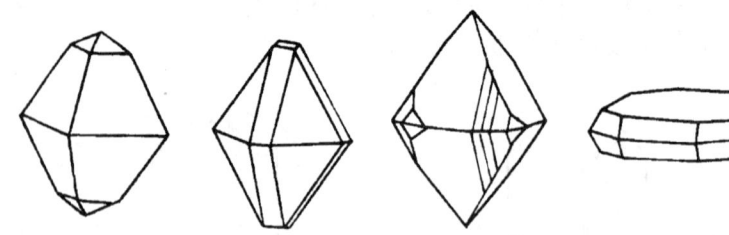

图 5-20　白钨矿的晶体

颜色：常呈无色或白色，有时微带浅黄或浅绿等颜色，条痕白色。

其他物理性质：油脂光泽到金刚光泽，断口油脂光泽，解理中等，性脆。摩氏硬度 4.5～5，密度大，达 6.1 克/厘米^3。一轴正光性，折射率 $N_o=1.920$，$N_e=1.937$，双折射率为 0.017，色散强度仅次于钻石。在紫外线照射下发出浅蓝色荧光。

鉴别特征：在紫外线照射下发浅蓝色荧光，以及灰白色、中等解理、摩氏硬度小、密度大而与石英相区别。

观赏价值：完整、粒大的四方双锥，常带有黄、绿等鲜艳的色调和发荧光的特性，使白钨矿具有较高的观赏价值。

产状产地：白钨矿是炼钨的重要原料。主要产于花岗岩与石灰岩接触带的矽卡岩中。在矽卡岩中常与石榴石、绿帘石、透辉石、透闪石、斧石等共生。

中国湖南瑶岗仙是世界著名的白钨矿产地。产出的晶体一般 0.3～1.5 厘米大小，最大者达 4 厘米，呈白、浅褐、浅黄、紫等色。江西漂塘、广东多罗山矿区均有与黑钨矿共生的白钨矿，约 1 厘米大的白钨矿呈四方双锥长在板状黑钨矿之上，颇具观赏价值。

世界著名产地还有德国萨克森、英国康沃尔、澳大利亚新南威尔士、玻利维亚北部和美国内华达州等。

八、蓝晶石

化学成分：$Al_2[SiO_4]O$。

晶体形态：三斜晶系。晶形常呈扁平柱状、板状晶形（图 5-21）。集合体呈纤维状、放射状。

颜色：多为蓝色或蓝灰色、浅白色等。

其他物理性质：玻璃光泽，理面呈珍珠片光泽。摩氏硬度在不同方位上差异显著，在（100）晶面上平行晶体延长方向的摩氏硬度为 4.5，而垂直晶体延长方向的摩氏硬度为 6.5～7.0，因而有"二硬石"之称。密度 3.56～3.68 克/厘米^3。蓝晶石矿物在高温下（1 100℃～1 650℃）煅烧转变为莫来石和熔融状游离二氧化硅（方石英），同时产生不同程度的体积膨胀。

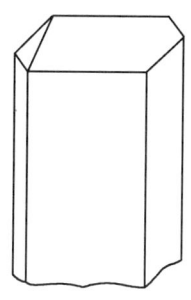

图 5-21
蓝晶石的晶体

鉴别特征：以其晶形和不同方位上摩氏硬度的差异为其主要鉴定特征。

观赏价值：以其蓝色、纤维状、放射状集合体的形态以及常具空晶石的假象而具观赏价值。蓝色透明、裂隙甚少的可作为宝石。作者于 1993 年在山西省娄烦县采集到宝石级的蓝晶石，颜色呈淡黄色，半透明至不透明，板柱状集合体；单晶体长约 40 厘米，宽约 4～5 厘米。蓝晶石主要产于尖山一带的蓝晶石十字石榴白云母片岩中，出露的范围为 10～100 米。

产状产地：蓝晶石具有热膨胀性、稳定性、耐火度高等特点而广泛用作生产耐火材料、氧化铝、硅铝合金和金属纤维等。它是一种变质矿物，主要产于区域变质结晶片岩中，其变质相由绿片岩相到角闪岩相。

我国已发现的蓝晶石矿床主要有：江苏沭阳、韩山；河南隐山；河北邢台；内蒙古点布斯庙；新疆布拉盖；山西繁峙；安徽岳西、霍山；辽宁大荒沟；四川汶川；云南热水塘；吉林磐石；陕西洋县党河口等。河北魏鲁蓝晶石矿是国内主要的蓝晶石产地。该矿区蓝晶石赋存于石榴黑云斜长片麻岩中。

国外蓝晶石主要生产国有美国、原苏联、印度、南非、法国、加拿大、澳大利亚等国。

九、锡石

化学成分：SnO_2。常含铁和铌、钽等氧化物的细分散包裹体。此外尚可含锰、钪、钛、锆、钨及分散元素铱、镓等。

晶体形态：属四方晶系的氧化物矿物。单晶体常呈双锥短柱状，也有呈细长柱状或双锥状的，膝状双晶普遍(图5-22)，集合体多呈粒状，亦呈纤维状(木锡石，Woodtin)、葡萄状或钟乳状，不同形态的晶体可反映其形成的环境条件和成矿热液性质。

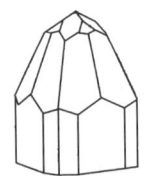 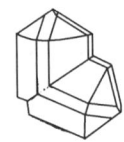

图 5-22 锡石的晶体和双晶

颜色：纯净锡石近乎无色，一般呈黄棕色至深褐色。偶见无色透明晶体。木锡石呈不同色调的褐红、暗绿等色，有时可见颜色条带。

其他物理性质：条痕无色，偶尔带褐色，透明度随颜色的深浅而不同，大多为透明至不透明。金刚光泽至亚金刚光泽，断口油脂光泽，摩氏硬度 6.0~7.0，密度 6.8~7.0 克/厘米^3。一般无磁性，部分富铁的锡石具电磁性。

鉴别特征：双锥状的晶形、膝状双晶、金刚光泽至亚金刚光泽以及高的密度是其主要鉴定特征。

观赏价值：锡石的典型的膝状双晶惹人喜爱。特别是生长在基岩上的晶体比较粗大的，光泽鲜亮的锡石更具观赏价值。

产状产地：锡石是最常见的锡矿物，大部分采自砂矿，是炼锡的最主要矿物原料。锡石主要产于花岗岩类侵入体内部或近岩体围岩的热液脉中，在伟晶岩和花岗岩中也常有分布。在花岗伟晶岩类型矿床中,锡石在矿体中分布往往不均匀,一般品位不高,但可与其他稀有金属(锂、铷、铯、铍等)综合开采;热液型锡石矿床,具有很重要的工业意义。

我国是世界上产锡的主要国家之一,广西南丹大厂规模最大,云南个旧锡矿开采悠久,素有"锡都"之称,所产出的锡石晶体十分引人注目,晶体以褐至黑褐色为主,呈四方柱、四方双锥等形态。市场上见到的以单个晶体为主,最大达10多厘米,有时具有完美的膝状双晶。

世界锡石著名产地是东南亚、玻利维亚、俄罗斯。世界上最著名的锡石观赏标本产自玻利维亚的拉拉瓜(Llallagua)、阿拉卡(Araca)及奥鲁罗(Oruro)地区,有些晶体的直径达7.5厘米,黑色,边部透明,光泽强,而且常见双晶。英国、捷克和斯洛伐克、德国、美国、澳大利亚、西南非洲、尼日利亚等国也曾产有一些很好的锡石晶体,但数量不多。绚丽多姿的锡石,特别是垂直生长在基岩上的晶体和膝状双晶,是市场上不多见的观赏石佳品。

第六节 碳酸盐类矿物晶体观赏石

一、方解石

化学成分:$CaCO_3$,其理论组成为:CaO含量为56.03%,CO_2含量为43.97%。常含有锰和铁。

晶体形态:三方晶系。常呈良好的晶形,主要有六方柱、复三方偏三角面体及菱面体晶形(图5-23)(据刘文龙,1994)。集合体呈晶簇状、粒状、钟乳状、结核状或致密块状。

颜色:无色或白色。含杂质则染成各种颜色,有时具晕色,其中无色透明纯净的晶体称冰洲石。

其他物理性质:玻璃光泽,摩氏硬度为3,密度2.72克/厘米^3,三组完全菱面体解理。遇稀盐酸剧烈起泡。

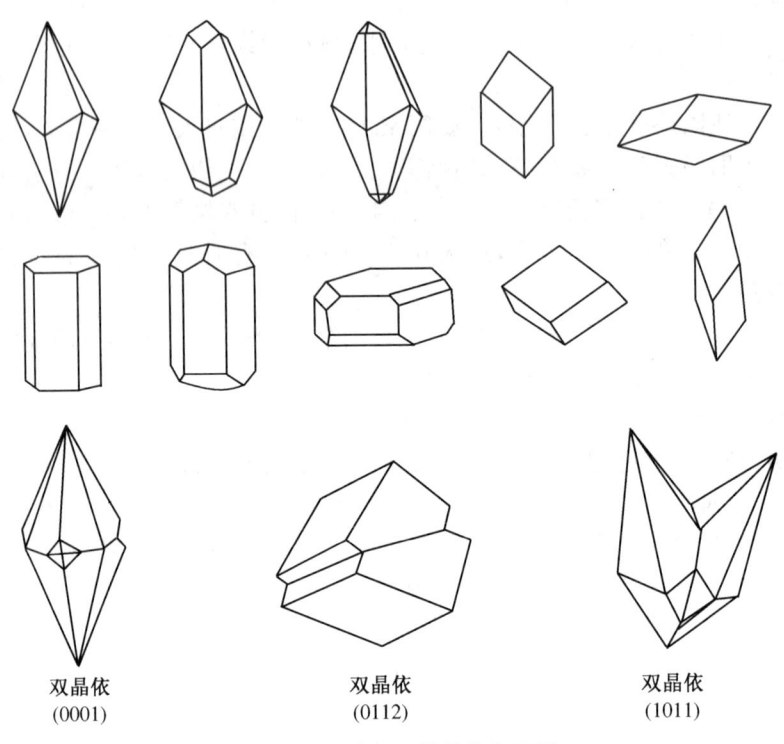

双晶依	双晶依	双晶依
(0001)	(0112)	(1011)

图 5－23　方解石的晶体和双晶

鉴别特征：菱面体完全解理，硬度低，加稀盐酸剧烈起泡。它和白云石很相似，而且两者常共生在一起，不过白云石要在热的盐酸中，才发生化学反应。无色透明的方解石放大镜下可见边棱的双影现象，这是由于其具有很高的双折射率而引起的。

观赏价值：单晶体呈复三方偏三角面体及菱面体晶形、蝴蝶状双晶和燕尾状双晶；集合体呈钟乳状；颜色无色透明如冰的冰洲石；少数含镁的方解石相对较少，在短波紫外线下发暗红色荧光的方解石品种深受人们喜爱。

产状产地：方解石是自然界分布最广的矿物之一，是组成石灰岩和大理岩的主要成分。在石灰岩地区，溶解在溶液中的碳酸钙在适宜的条件下沉淀析出方解石,形成千姿百态的钟乳石、石笋、石柱等自然景观。

内蒙古多伦县所产的方解石为无色透明的晶体——冰洲石,其特征是光线经其折射后,呈双影现象,非常有趣。

我国湘南、粤北、桂东北、赣南等地区常见到漂亮的方解石,有些是以典型的偏三方复三角面体、六方柱、蝴蝶状双晶等教科书式的晶形和双晶产出;有些与锡石、黑钨矿、白钨矿、辉铝矿、独居矿、黄铜矿、闪锌矿、毒砂、黄铁矿、萤石、石英、绿帘石等矿物共生或伴生。一些晶洞产出的方解石晶体达数吨。上海地质科普馆藏有一巨大的方解石蝴蝶状双晶,它呈白色生长于艳绿色透明萤石的晶簇中,两者共生于一体,总重量高达1.50吨,晶体晶莹剔透,艳丽多姿。同时该馆还珍藏有一长2米,重达4吨的艳粉红色方解石,瑰丽迷人,产于湖南郴州。我国冰洲石遍布各地。冰洲石被广泛地应用于光学和某些新科技领域。冰洲石有无色、浅橙黄色、浅蓝色等,透明如冰、解理块平整光滑,还具备有趣的强双折射性,数量多、价格低等特点,颇受西方收藏者的青睐。

世界上最好的方解石晶体主要产于冰岛,所产出的透明方解石单晶最大在6米以上,晶体巨大,非常具有观赏性。

二、孔雀石

化学成分:孔雀石是含铜的碳酸盐矿物,化学式为$Cu_2[CO_3](OH)_2$,理论组成为:CuO 71.9%,CO_2 19.9%,H_2O 8.15%。

晶体形态:属单斜晶系。晶体形态常呈柱状或针状,十分稀少,通常呈隐晶钟乳状、块状、皮壳状、结核状和葡萄状集合体。具同心层状、纤维放射状结构。常有纹带。

颜色:孔雀石由于颜色酷似孔雀羽毛上斑点的绿色而获得如此美丽的名字。有绿、孔雀绿、暗绿色等。中国古代称孔雀石为"绿青"、"青琅玕"。孔雀石是一种古老的玉料。

其他物理性质:玻璃光泽至金刚光泽,纤维集合体呈丝绢光泽土状者光泽暗淡,似透明至不透明。折射率 1.66～1.91,双折射率 0.25,多色性为无色—黄绿—暗绿。摩氏硬度 3.5～4,密度 3.9～4.0 克/厘米^3。性脆,贝壳状至参差状断口。遇盐酸起反应,并且容易溶解。

鉴别特征:孔雀石与相似玉石的区别:孔雀石以特殊的孔雀绿色及典型的条带为其鉴定特征。与绿松石、硅孔雀石相似。其区别是:绿松石摩氏硬度大,为 5～6,密度小,为 2.6～2.9 克/厘米^3,折射率小,为 1.62。硅孔雀石摩氏硬度小,为 2～4,密度小,为 2～2.4 克/厘米^3,折射率 1.57。

观赏价值:孔雀石的品种有普通孔雀石、孔雀石宝石、孔雀石猫眼石、青孔雀石。孔雀石宝石是非常罕见的孔雀石晶体。孔雀石作观赏石、工艺观赏品,要求颜色鲜艳,纯正均匀,色带纹带清晰,块体致密无洞,越大越好。孔雀石猫眼石要求其底色正,光带清晰。与褐铁矿、方解石、锰土、玉髓、硅孔雀石等共生,观赏价值较高。孔雀石的各种集合体的形态如构成山水景观、动植物的形象或具有某种深远的意境则观赏和收藏价值极高。

产状产地:孔雀石产于铜的硫化物矿床氧化带,常与其他含铜矿物共生(蓝铜矿、辉铜矿、赤铜矿、自然铜等)。世界著名产地有赞比亚、澳大利亚、纳米比亚、俄罗斯、扎伊尔、美国等地区。我国主要产于广东阳春、湖北大冶和赣西北。

三、蓝铜矿

化学成分:$Cu_3[CO_3]_2(OH)_2$。

晶体形态:晶体属单斜晶系的碳酸盐矿物。晶体为柱状或厚板状(图 5-24),通常多呈粒状、钟乳状、皮壳状或土状集合体。

颜色:深蓝色,条痕为浅蓝色。土状块体为浅蓝色。中国古代称为石青。

其他物理性质:玻璃光泽。贝壳状断口。断面呈弱油脂光泽。摩氏硬度 3.5～4,密度 3.7～3.9 克/厘米^3。常与孔雀石共生。

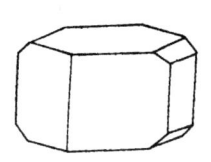 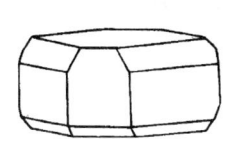 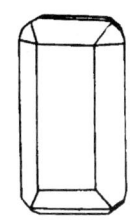

图 5-24 蓝铜矿的晶体

鉴别特征：常呈钟乳状、皮壳状或土状集合体的形态、深蓝色以及常与孔雀石共生为其鉴别特征。

观赏价值：深蓝色，常与孔雀石共生而具观赏性。

产状产地：产于铜矿床氧化带中，是含铜硫化物氧化的次生产物，可用作寻找原生铜矿的标志。孔雀石可用于炼铜，质纯色美者可作为装饰品及工艺品原料，其粉末可作天蓝色颜料。常与孔雀石共生，但数量远较孔雀石少，常呈粗大晶体。

我国广东阳春石碌铜矿是蓝铜矿晶体的主要产出矿区，产出的蓝铜矿常呈晶簇状，晶体2～5厘米，非常具有观赏价值。

国外蓝铜矿产地主要有美国、法国、南非、前苏联和意大利等地。美国亚里桑纳州的比斯比产出的蓝铜矿，最大晶体达7～8厘米，因与孔雀石紧密共生而被称为蓝孔雀石；法国切斯的蓝铜矿晶簇造型很好，晶体最大；最完美的产地是西南非洲的楚梅布(Tsumeb)，已知最大晶体达25厘米，但多数晶体仅5厘米左右，有时与菱镁矿共生。

第七节 硫酸盐类矿物晶体观赏石

一、石膏

化学成分：$Ca[SO_4] \cdot 2H_2O$。

晶体形态：属单斜晶系的含水硫酸盐矿物。单晶体常呈近似菱形的板状，燕尾双晶常见(图5-25)。多为纤维状、粒状、致密块状集合体。石膏有多种形态产出：质纯无色透明的晶体称为透石膏；雪白色、不透明的细粒块状称为雪花石膏；纤维状集合体并具丝绢光泽的称为纤维石膏。

 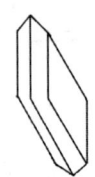 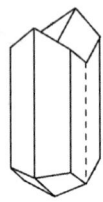

图 5-25　石膏的晶体和双晶

颜色：通常为白色或无色。有时含杂质而呈灰白、浅黄等色。

其他物理性质：玻璃光泽，解理面呈珍珠光泽，纤维状者呈丝绢光泽。一组极完全解理，薄片具挠性。摩氏硬度 2，密度 2.3～2.37 克/厘米^3。

鉴别特征：以其低摩氏硬度、板状晶形为主要鉴别特征。

观赏价值：燕尾状双晶、纤维状、粒状、致密块状集合体的形态而具有观赏价值。尤其是无色透明的透石膏和雪白色、不透明的细粒块状的雪花石膏更受人们的喜爱。

产状产地：石膏主要由化学沉积作用形成。泻湖盆地中沉积的石膏层，规模巨大，常与硬石膏、石盐、钾石盐等共生。中国的石膏矿储量在世界名列前茅，以湖北应城最为著名。

我国最著名的石膏晶体产地是贵州晴隆，据喻铁阶等（1991）报道，我国贵州晴隆锑矿有一个长 20 多米，宽和高各 3 米多的大晶洞，晶洞中生长的石膏晶体最长可达 2.4 米，在这些石膏晶体中可找到长 50 厘米的水溶液包裹体（水胆），珍贵无比，具有非常高的观赏和收藏价值。上海市地质科普馆内藏有一名为"冰山焰火"的巨型石膏晶柱，晶体晶莹剔透，光芒四射，具有极高的观赏价值。

国外著名的石膏晶体产地包括墨西哥、法国和智利等，另外，美国、俄罗斯等国家也有精美的石膏晶体产出。

二、重晶石

化学成分：$Ba[SO_4]$。

晶体形态：正交晶系的硫酸盐矿物。常呈厚板状或柱状晶体（图 5-26），多为致密块状或板状、粒状集合体。

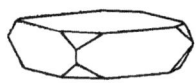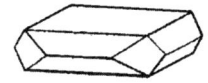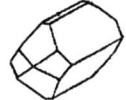

图 5-26　重晶石的晶体

颜色：质纯时无色透明，含杂质时被染成各种颜色。

其他物理性质：条痕白色，玻璃光泽，透明至半透明。三组解理完全，夹角等于或近于 90°。摩氏硬度 3~3.5，密度 4.3~4.6 克/厘米^3。

鉴别特征：板状晶体，摩氏硬度小，近直角相交的完全解理，密度大，遇盐酸不起泡，并以此与相似的方解石相区别。

观赏价值：主要的观赏价值在于其巨大的厚板状或柱状晶形、透明度高。

产状产地：重晶石主要形成于中低温热液条件下，我国湖南、广西、青海、新疆等地有巨大的重晶石矿脉。重晶石是提取钡的原料，磨成细粉可作钻探用的泥浆加重剂，又可做各种白色颜料、涂料以及橡胶业、造纸业的填充剂和化学药品等。

第八节　硅酸盐类矿物晶体观赏石

一、锆石

化学成分：$Zr(SiO_4)$，ZrO_2 含量为 67.01%，SiO_2 为 32.99%。还常含铪、稀土元素、铌、钽、钍等。

晶体形态：晶体属四方晶系的岛状结构硅酸盐矿物。晶体呈短柱状。通常为四方柱、四方双锥或复四方双锥的聚形(图 5-27)(据王德滋,1975)。常见单形：{111}、{100}、{110}、{011}等。有时见锆石的肘状双晶,双晶面为(100)、(111)和(221)。

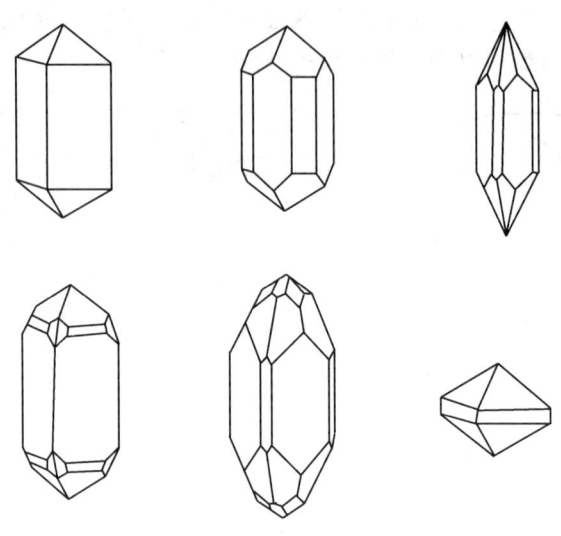

图 5-27　锆石的晶体

锆石按结晶程度分为高型锆石、中间型锆石和低型锆石。具较强的脆性。紫外线照射下,高型锆石呈红色荧光。

颜色：锆石颜色多样,包括黄绿色、红棕色、无色、紫红、黄褐、淡黄、淡红、绿等。

其他物理性质：金刚光泽,有时出现油脂光泽。摩氏硬度 7.5,含水时可降为 6。贝壳状断口。条痕：无色或黄色。发光性：紫外短波照射下为黄色荧光,长波下为深红色荧光。具有放射性。光学性质：一轴晶负光性。折射率：高型为 1.925～1.984,低型为 1.780～1.815。双折射率：高型为 0.059,低型为 0.035。高型色散较强,为 0.04。摩氏硬度：高型为 7～7.5,低型为 6。密度：高型为 4.6～4.8 克/厘米^3,低型为 3.9～4.1 克/厘米^3。

鉴别特征：常以其四方柱及四方双锥为特征。与金红石的区别是锆石具有较大的摩氏硬度以及较高的密度。与锡石的区别是锡石的密度远大于锆石。

观赏价值：锆石的光泽强，色散度高，摩氏硬度较大，已普遍用于制作钻石的代用品。锆石已成为中低档宝石中的佼佼者。锆石最为流行的颜色为无色和蓝色，以蓝色者价值较高。无色锆石是宝石级锆石的优质品种，因其色散度高，透明无色，常用做钻石的代用品。蓝色锆石是锆石的优质品种，价值最高，以鲜艳的蓝色，透明无暇和高的色散备受人们的喜爱。

产状产地：锆石是提取锆和铪的最重要的矿物原料。它是火成岩中常见的副矿物之一，通常为早期结晶的产物。在碱性岩和碱性伟晶岩中可富集成矿。由于抵抗风化能力强，也是沉积岩中的常见矿物之一，富集时形成砂矿。世界上最著名的蓝色锆石，重208克拉，现珍藏于美国纽约自然历史博物馆。

宝石级锆石多产于变质岩、玄武岩中。世界上宝石级锆石主要产于斯里兰卡、缅甸、柬埔寨、澳大利亚等国。

我国山东省昌乐地区除产出蓝宝石外，也产出宝石级的锆石，昌乐所产的锆石粒度大者可达8.5毫米×10.6毫米×15.8毫米。昌乐宝石级锆石主要产在变质岩和玄武岩中，多与蓝宝石及镁铝榴石等伴生，属高型锆石，粒度大，颜色美，摩氏硬度较高，光泽强，内部洁净，是仅次于蓝宝石、品质高于石榴石的中档宝石。

二、橄榄石

化学成分：$(Mg,Fe)_2[SiO_4]$。

晶体形态：是一种岛状结构硅酸盐矿物。斜方晶系。单晶体常呈短柱状(图5-28)，集合体多为不规则粒状。

颜色：多为橄榄绿、黄绿、金黄绿等色。橄榄石因其颜色多为橄榄绿色而得名。

其他物理性质：玻璃光泽，透明。折射率1.654～1.690，双折射率0.035～0.038。多色性不明显，色散0.020。摩氏硬度6.5～7.0，

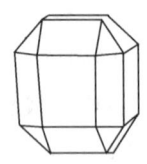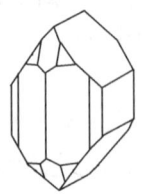

图 5-28 橄榄石的晶体

密度 3.27~3.48 克/厘米^3。具脆性,韧性较差,极易出现裂纹。具有明显的双折射现象,即透过宝石可看见它底部边棱的重影现象。

鉴别特征:橄榄石以其特征的橄榄绿色和高的双折射率为鉴定特征。放大镜观察,常可见到橄榄石晶棱的双影现象。与相似的透辉石、黄绿色的钙铝榴石和玻璃的区别为:透辉石颜色和光泽不如橄榄石鲜艳,密度较小,为 3.29 克/厘米^3,底部刻面棱无双影。黄绿色钙铝榴石属均质体,偏光镜下全暗。玻璃为均质体,摩氏硬度 5~6,密度 2.3 克/厘米^3,折射率 1.5,均较橄榄石小。

观赏价值:橄榄石以其特有的橄榄绿色及内部含睡莲状包裹体而备受观赏者的喜爱。橄榄石颜色艳丽悦目,给人以心情舒畅和幸福的感觉,故被誉为"幸福之石"。国际上许多国家把橄榄石和缠丝玛瑙一起列为"八月诞生石",象征温和聪敏、家庭美满、夫妻和睦。古时候称橄榄石为"太阳的宝石",人们相信橄榄石所具有的力量像太阳一样大,可以驱除邪恶,降伏妖术。

产状产地:橄榄石主要产于含硅量较低的基性火山岩中。一般橄榄石多大于 5 克拉,超过 50 克拉者罕见。世界上最大的一颗宝石级橄榄石产于红海的扎巴贾德岛,重 319 克拉,现存于美国华盛顿史密斯学院。

我国河北省张家口地区是闻名世界的宝石级橄榄石产地。万全县大麻坪所发现的橄榄石,重量 236.5 克拉,取名为"华北之星",是我国橄榄石之最。除此之外,我国吉林蛟河也是橄榄石的主要产地之一。

世界上最著名的橄榄石产地是红海中的圣·约翰岛,橄榄石产在橄榄岩中的镍矿脉中。缅甸抹谷区也产有黄绿色的橄榄石。美国夏威夷群岛的海滩上也产出1～5毫米大小的橄榄石碎砾,可能由玄武岩风化沉积而成。

三、石榴子石

化学成分:本族矿物的一般化学式为 $X_3Y_2[SiO_4]_3$。其中 X 代表二价阳离子,主要为 Ca^{2+}、Mg^{2+}、Fe^{2+}、Mn^{2+} 等;Y 代表三价阳离子,主要为 Al^{3+}、Fe^{3+} 和 Cr^{3+} 等。

石榴石族矿物的类质同像广泛存在。通常分成两个系列:二价阳离子为 Ca^{2+} 的所谓钙系,包括钙铝榴石 $Ca_3Al_2[SiO_4]_3$、钙铁榴石 $Ca_3Fe_2[SiO_4]_3$ 和钙铬榴石 $Ca_3Cr_2[SiO_4]_3$;三价阳离子为 Al^{3+} 的所谓铝系,包括了镁铝榴石 $Mg_3Al_2[SiO_4]_3$、铁铝榴石 $Fe_3Al_2[SiO_4]_3$ 和锰铝榴石 $Mn_3Al_2[SiO_4]_3$。除此之外,在自然界里还有锰铁榴石 $Mn_3Fe_2[SiO_4]_3$ 等。

晶体形态:属岛状硅酸盐结构,即结构中存在孤立硅氧配位四面体。等轴晶系。石榴石族矿物表现出三向等长(常为菱形十二面体{110}、四角三八面体{211},或两者的聚形)。见图 5-29(据刘文龙等,1994)。

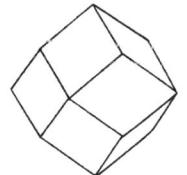 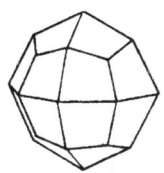 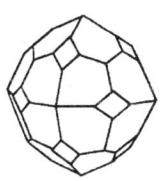 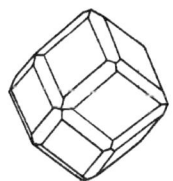

图 5-29 石榴子石的晶体

颜色:翠绿色、紫色、玫瑰红、褐红、黄褐、黄绿等。镁铝榴石常呈紫红色、玫瑰红色;铁铝榴石常呈红褐色、橙红色;锰铝榴石常呈深红色;钙铝榴石常呈黄褐色、黄绿色;钙铁榴石常呈棕、黄绿色;钙铬榴石常呈鲜绿色。

其他物理性质：玻璃光泽。摩氏硬度7.5。密度3.4～3.8克/厘米^3。无解理。参差状断口。条痕为灰色。不透明。

鉴别特征：以其形态、颜色以及透明度较高者在偏光镜下旋转360°全暗为其鉴定特征。

观赏价值：石榴子石主要依其颜色和透明度而具有较高的观赏价值。其中以翠榴石和绿色钙铝榴石价值最高，优质者可以和祖母绿价值相当。其次是红色镁铝榴石、橙黄色锰铝榴石。如果石榴石的颜色中带有褐色色调，价值就会降低。石榴子石族中的翠榴石（Demantoid）是其中最昂贵的品种，于1868年发现于俄罗斯的乌拉尔山，价值连城，极具观赏价值，目前产出极少。它是一种铬致色的钙铁榴石，呈绿色。世界上发现最早且色彩最美的翠榴石产地是俄罗斯乌拉尔的博布罗夫地区和波尔德涅夫地区，翠榴石产于蛇纹石化超基性岩体的裂隙和岩脉中。19世纪末在该地区曾发现重达29.8克和50.5克的翠榴石晶体。意大利瓦利玛利诺地区产的翠榴石产于蛇纹石化超基性岩的石棉脉内。翠榴石呈浑圆状，其粒径达3～4毫米。罕见的钙铬榴石常分布于铬矿体的裂隙内，一般晶体微细，仅0.5～1.0厘米。仅在芬兰奥托孔普铜矿区发现一颗粒径达1.5厘米的晶体，极具观赏价值。

中国地质博物馆藏有一颗橙红色的锰铝榴石大晶体，重达1397克拉，产于新疆。美国国家自然历史博物馆中珍藏着世界上最好的一颗褐黄色透明的铁钙铝榴石，是一个雕刻精巧的基督头像，重61.5克拉，堪称无价之宝。

最近新发现的钙铁榴石以其特有的变色效应令人玩味无穷。其本身的颜色为黄绿色，具有明显的变色效应：即日光灯下为黄绿色，混合光源下为褐黄色，白炽灯下为深亮红色。该变色石榴石有很高的观赏和收藏价值。

产状产地：主要产于石灰岩与岩浆岩的接触变质带中，为早期的矽卡岩的主要矿物，常与透辉石共生。

我国石榴子石的主要产地有黑龙江、吉林、河北、湖北、山东、福建、新疆、内蒙、江苏及四川等地。在这些产地中，仅新疆和江苏两地石榴子石产于伟岩岩矿床中，是宝石级石榴子石的主要来源。

世界上其他产出石榴子石的国家有加拿大、美国、巴西和印度。

四、十字石

化学成分：$Fe_2Al_9[SiO_4]_4O_6(OH)_2$。组成中有 $Mg^{2+}-Fe^{2+}$ 和 $Fe^{3+}-Al^{3+}$ 的类质同象置换。此外，可有少量的 Co、Ni、Zn、Mn、Cr 和 Ti 等置换其中的阳离子。

晶体形态：属单斜晶系的岛状结构硅酸盐矿物。晶体通常粗大，呈短柱状，贯穿双晶很常见，以(031)为双晶面时成十字形，交角近 90°，并因此而得名(图 5-30)(据 Berry 等，1983)。以(231)为双晶面时成"X"形，交角近 60°。集合体成不规则粒状。

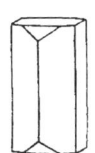 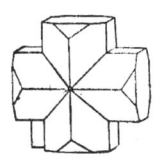 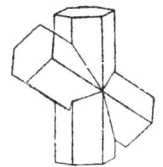

图 5-30　十字石的晶体和双晶

颜色：晶体呈棕红、红褐、淡黄褐或黑色。

其他物理性质：玻璃光泽。条痕为灰色。不透明。摩氏硬度 7.5，密度 3.74～3.84 克/厘米^3。平行{010}解理中等。

鉴别特征：可从它特殊的晶形、双晶、摩氏硬度和颜色等方面予以鉴定。与红柱石不同之处是十字石柱体并非方形。

观赏价值：以其短柱状、呈十字形或"X"形的贯穿双晶而具观赏价值。

产状产地：常产于富铁、铝的泥质岩石的区域变质岩中，如云母片岩、千枚岩、片麻岩等。透明的十字石可作为宝石。十字石是泥质岩石的区域变质作用产物。

我国山西省娄烦县是较著名的十字石产地之一。十字石产于十字石黑云母片岩和蓝晶十字石榴白云母片岩中,与蓝晶石、石榴石共生。所产的十字石为黄色—浅黄色,作者于1993年曾在该地区发现十字石晶体的"X"形双晶和"十"字形双晶。其中少量的十字石已达到宝石级,单晶体巨大(8厘米×10厘米),呈金黄色至淡黄色,半透明至不透明。

世界著名的产地有瑞士、德国、法国、英国苏格兰以及美国等地。

五、榍石

化学成分:$CaTi(SiO_4)O$。

晶体形态:属岛状结构的硅酸盐矿物。单斜晶系。晶体常呈横切面为菱形的扁平信封状的晶形(图5-31)。集合体成粒状。依(100)而成的简单接触双晶常见,有时也呈贯穿双晶。

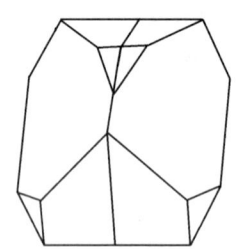

图5-31 榍石的晶体

颜色:黄色、褐色、绿色、灰色或黑色。

其他物理性质:条痕无色或白色。透明到半透明、不透明。玻璃光泽或金刚光泽。摩氏硬度5。解理平行{100}中等。次贝壳状断口。密度3.45~3.55克/厘米^3。

鉴别特征:以其特有的具有楔形横截面的扁平信封状晶形和金刚光泽为鉴定特征。

观赏价值:独特的扁平信封状的晶形和金刚光泽是榍石具有较高的观赏价值。

产状产地:榍石是酸性中性特别是碱性火成岩中常见的副矿物之一,基性岩中偶有见到。伟晶岩中,尤其是碱性伟晶岩中,常有较大的晶体产出。接触交代作用而形成的卡岩中也有产出。有时见于变质岩中,尤其是在变质岩系的石英脉中有完好的晶体。在碎屑沉积物中,可作为重矿物之一。

世界著名的产地有瑞士、奥地利、意大利、挪威、加拿大和美国等地。

我国江苏省是榍石的重要产地之一。所产的榍石晶形较完整,但颗粒较小。

六、黄玉

化学成分:$Al_2[SiO_4](F,OH)_2$。

晶体形态:岛状结构硅酸盐矿物。正交晶系。晶体通常呈短柱状(图5-32),柱面有纵纹,多呈粒状或块状集合体。

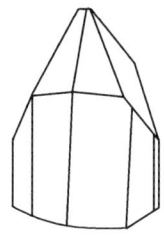 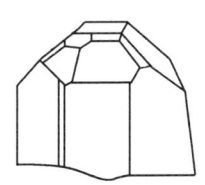 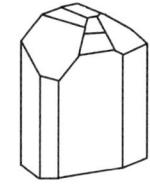

图5-32 黄玉的晶体

颜色:无色或黄、蓝、红等。许多褐色晶体在阳光下会变为无色或浅蓝色。辐照处理能改变黄玉的颜色,可使颜色变为褐色、深蓝色等,但颜色稳定程度不一。

其他物理性质:玻璃光泽,透明至不透明。一组与柱面垂直的完全解理。摩氏硬度8,密度3.52~3.57克/厘米^3。

鉴别特征:短柱状,横断面呈菱形,晶面有纵纹,一组完全解理,高摩氏硬度。

观赏价值:黄玉是一种中档的宝石,透明度很高,特别是浅黄色和浅红色黄玉最受人们喜欢。但是近年来由于黄玉辐射改色技术的越来越高,黄玉的颜色优优品充斥市场,在购买时一定要小心。同时具基岩的黄玉块体非常珍贵。

产状产地:黄玉是典型的气成热液矿物,产于花岗伟晶岩、酸性火山岩的晶洞、云英岩和高温热液钨锡石英脉中。与石英、电气石、萤石、白云母、锡石等矿物共生,晶体大小从显微粒状至上百千克,但粗大透明晶体很少,大于 2.5 厘米的单晶便是好的观赏标本。黄玉可作轴承及研磨材料,质佳者可作贵重宝石。

我国黄玉的主要产地在内蒙古。这里产出的黄玉母岩主要为伟晶岩,黄玉一般重 1～15 克拉,最大的达 24 厘米长。除此之外,我国华南的钨锡矿体中也常见到黄玉,但晶体一般较小。

世界著名产地有巴西、俄罗斯和巴基斯坦。目前宝石级的黄玉主要来自巴西。在国际市场上,晶头完好的单晶几乎随处可见,呈无色、浅蓝、蓝、浅黄、咖啡色等,晶体直径 1～24 厘米,最大一块重 400 千克,但带基岩的标本很少。俄罗斯乌拉尔山产出带基岩的黄玉晶体非常独特,举世闻名,黄玉呈浅蓝色,与微斜长石、叶钠长石、烟晶和云母等共生一起。

七、绿柱石

化学成分:$Be_3Al_2[Si_6O_{18}]$。常含有微量 Cr 和 Cs 等致色离子。

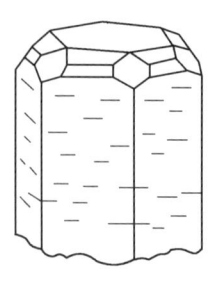

图 5-33 绿柱石的晶体

晶体形态:属环状结构的硅酸盐矿物。六方晶系。晶体呈柱状,柱面上有细纹(图 5-33)。低温下形成者呈板状。集合成柱状或晶族状。

颜色:一般呈不同色调的绿色,但也有白色或无色透明者。含 Cr 的亚种称为祖母绿,翠绿色。含 Cs 者称为铯绿柱石,玫瑰红色。透明而呈蔚蓝色者称为海蓝宝石。黄色或金黄色的透明晶体称为金色绿宝石,亦称黄色绿宝石。玫瑰色或粉红色的绿柱石,又称红色绿宝石,属铯绿柱石的一种。

其他物理性质:玻璃光泽。透明至半透明。摩氏硬度 7.5～8。$\{0001\}$ 和 $\{10\bar{1}0\}$ 解理不完全。密度 2.66～2.83 克/厘米^3。

鉴别特征:以高的硬度六方柱状晶形为其主要鉴别特征。

观赏价值:绿柱石以其颜色和透明度而具有很强的观赏价值。

绿色、浓绿色的祖母绿和天蓝色的海蓝宝石是绿柱石的最有价值的变种,最具观赏价值。俄罗斯乌拉尔山等地产出的绿柱石具有平行于 C 轴的颜色分带,非常奇特,极具观赏价值。透明度高、无瑕疵、色艳的绿柱石晶体——祖母绿是最珍贵宝石中的一种,被称为"绿色宝石之王",价值连城。最上等的祖母绿颜色鲜艳、纯正而匀净。如优质祖母绿高达每克拉上万美元,半透明的绿柱石晶体国内一般每千克 50~200 元。一般晶体越纯净越好,但有些晶体却因具有纤维状包裹体、水胆、金黄色包裹体其观赏和收藏价值猛增。

祖母绿青翠悦目,国际宝石界把祖母绿定为"五月的生辰石"。是忠诚、仁慈和善良的象征。

产状产地:主要产在花岗岩、伟晶岩中,伟晶岩脉内部晶洞中的绿柱石(祖母绿、海蓝宝石)质量往往较边部好,云英岩、石英脉型热液矿床中也有产出。产于花岗伟晶岩中的绿柱石,其个体非常巨大。如我国新疆阿尔泰地区即有巨大的绿柱石晶体产出,单晶体重达 60 t。该地区曾发现一颗海蓝宝石晶体,重达 14.04 kg。

我国绿柱石以黄绿色和浅蓝色(海蓝宝石)为主,分布于新疆阿尔泰,青海,云南元阳、金平、贵山、龙陵,湖南平江,以及川西、桂东北、赣东北、海南等地。绿柱石产在花岗岩、伟晶岩中,伟晶岩大都呈脉状、透镜状,个别呈筒状。1995 年在新疆阿尔泰发现了含水胆的海蓝宝石,非常罕见。四川省平武县的绿柱石于 1996 年开始报道并作为稀有标本和观赏石进入市场。

最近,在我国云南省麻栗坡发现了祖母绿矿床。麻栗坡祖母绿产于酸性花岗岩脉和气成高温热液型云英岩脉中。伟晶岩脉型祖母绿晶体一般较大,多呈单晶体产出。颜色以浅绿色、绿色和蓝绿色为主,质量较差。云英岩脉型产出的祖母绿一般透明度高,颜色以蓝绿色、深绿色为主。

1999 年在新疆哈密镜儿泉矿区发现了海蓝宝石晶体,晶形完好,透明,颜色为海蓝色和无色两种。镜儿泉矿床是哈密市目前发现的唯一花岗伟晶岩型宝石矿床,位于哈密市北东,距哈密市 175 千米左右。该矿床长 10.3 千米,宽 3.5 千米。呈脉状产出。所产的海蓝宝石形态多呈短柱状和板状体,主要产于石英核部,石英呈烟灰色,透明。常与水晶共生。目前所见的最大海蓝宝石晶体为 8 厘米×5 厘米,一般为 2 厘米×3 厘米左右。

目前世界上最大的祖母绿晶体是于 1956 年在南非发现的,重达 2.453 万克拉(合 4.8 千克)。世界上最著名的祖母绿产地是哥伦比亚的穆索和奇沃尔。世界上最有名的祖母绿是德文郡祖母绿,是一块未经切割的美丽的绿色祖母绿晶体,重 1 383.95 克拉,1891 年退位的巴西皇帝堂·皮德罗一世把它作为礼品赠给第六代英国德文郡公爵,并由此得名,现存于英国自然历史博物馆。

世界上主要的高档祖母绿产自哥伦比亚,包括木佐、科斯凯斯、契沃尔、圣胡安之地和布埃纳维斯塔 5 个著名的矿床,其分布在安第斯山脉的东侧。国外著名的祖母绿产地还有津巴韦桑达瓦纳、印度拉贾斯坦邦梅克尔、阿杰米尔等县、巴西孔基斯塔(Conquista)、奥地利和哈巴奇塔尔(Habachtal)。西方展销会上一块产自尼日利亚长约 5 厘米的祖母绿晶体报价高达 25 万美元。

八、电气石

化学成分:$NaR_3Al_6[Si_6O_{18}](BO_3)_3(OH)_4$。其中 R 代表 Li、Fe、Al 和 Mg。质量达到宝石级的电气石称为碧玺。矿物学家研究认为,由于该矿物受热两端带正负不同的静电,以至吸附灰尘等细小物体,由于这种矿物所具有的热电性而称其为电气石,也称吸灰石。

晶体形态:属环状结构硅酸盐矿物。晶体呈短柱状、长柱状甚至针状。最常见的单形是三方柱和六方柱,同时柱面上常有纵纹,晶体的横断面呈弧线三角形(图 5-34)(据刘文龙,1994)。集合体呈放射状或纤维状,少数情况下呈块状或粒状。

颜色:黑电气石一般呈绿黑色至深黑色;锂电气石常呈玫瑰色、蓝色或绿色,也有呈无色;镁电气石的颜色变化于无色到暗褐色之间。此外在同一个晶体横切面上,还会出现不同颜色所组成的环带,

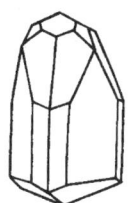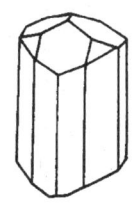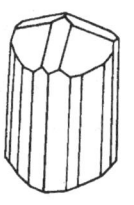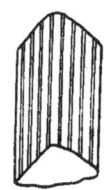

图 5-34　电气石的晶体

沿 C 轴的两端呈现不同的颜色。

其他物理性质：玻璃光泽，摩氏硬度为 7，无解理，参差状断口。密度 3.03～3.25 克/厘米^3。有压电性和焦电性，在阳光下易吸附细小尘埃。

鉴别特征：柱状、柱面有纵纹，横断面呈球面三角形，无解理，高摩氏硬度。

观赏价值：颜色是决定其观赏价值的最重要因素，红色最好，其次蓝、绿、黄绿、浅蓝、黑碧玺的价格最低。透明度、裂隙发育程度也是重要的影响因素。世界上已知最大的彩色电气石晶体长 109 厘米，呈紫红色，形似火箭，与石英共生，产自巴西约纳斯矿（Jonas Mine），开采时断为两节，但经修补后完好，带基岩，在美国售价近 100 万美元。

"西瓜"碧玺是碧玺中最具观赏价值的品种之一。它的内部呈粉红色，而外圈呈绿色，因整个形状特征酷似西瓜而得名。

电气石脆性大、易断裂，加上其共生矿物以云母、高岭石化的长石为主，带基岩的标本很难获得，所以价格也特别高。

产状产地：电气石多与气成作用有关，一般产于花岗伟晶岩中，也可产于交代作用形成的变质岩中。具压电性的晶体可用于无线电工业，色泽鲜艳者可作宝石。

褐色镁电气石产在大理岩中，彩色电气石主要产在花岗伟晶岩中，黑色电气石产在高变质岩中和伟晶岩中。

我国新疆是最大的电气石产地。所产出的晶体直径 3～250 毫米,呈块状,柱状。我国优质碧玺主要产在新疆阿尔泰和云南等地的花岗伟晶岩中。据报道(张志兰,1991),我国秦岭花岗伟晶岩也产出优质碧玺,呈绿、红、蓝等颜色,最长达3厘米。

世界上达宝石级的优质电气石的产地主要包括意大利、美国和巴西。其中最优质的碧玺产自意大利,而美国产出世界上最大的直径达2.2米的黑色电气石。

九、蔷薇辉石

化学成分:$(Mn,Fe,Ca)_5[Si_5O_{15}]$,常含有少量的 Ca^{2+}、Mn^{2+}、Fe^{2+}、Mg^{2+}等杂质离子。

晶体形态:属链状结构的硅酸盐矿物。三斜晶系。单晶体多呈厚板状。

颜色:玫瑰红色至棕红色,表面因氧化而暗淡呈现黑色。

其他物理性质:玻璃光泽,解理面上有时显珍珠光泽。透明。摩氏硬度为5.5～6.5。密度为3.57～3.56克/厘米³。解理完全,另有{001}中等解理。参差状断口。条痕为灰色或黄色。

鉴别特征:蔷薇辉石以其特有的玫瑰红色,明显的解理,较高的摩氏硬度作为鉴定特征。风化以后,留有黑色的氧化锰,也是其鉴定特征之一。与菱锰矿的区别是摩氏硬度高,遇酸不起泡。

观赏价值:蔷薇辉石又名桃花石、玫瑰石。开采后加工抛光,呈鲜艳的桃红色并夹杂黑色的纹饰,因其质地、摩氏硬度极似翡翠,又称"粉翠"。其石质微透明至不透明,玻璃光泽。石体上黑、绿、淡蓝色线条有机组合,纹理清晰,画面组合协调,可与其他地区彩玉石媲美。因其色美质丽,成品在观赏石市场颇为畅销,具有很高的观赏和收藏价值,目前品质好的玫瑰石摆件价格可达每克230元,足以说明优质玫瑰石的市场价值。

产状产地:沉积锰矿层受区域变质作用,或菱锰矿受接触交代作用均可形成蔷薇辉石。在热液交代成因的锰矿床中,也能生成。偶尔在伟晶岩中亦有产出。我国蔷薇辉石的产地主要在北京西山和台湾花莲。

世界著名的产地有美国、瑞典、俄罗斯、澳大利亚等地。

十、石棉

化学成分：凡是由纤维状矿物组成并具有一定耐火性和绝缘性的硅酸盐类矿物，都称作石棉。一般而言，石棉可以分为蛇纹石石棉 $Mg_6[Si_4O_{10}][OH]_8$（图5-35）和角闪石石棉 $Ca_2(Mg,Fe)_5Si_8O_{22}(OH)_2$（图5-36）两类。含有氧化镁、铝、钾、铁、硅、钙等成分。前者最普遍和常见。

图5-35 蛇纹石石棉的显微结构（×40）

图5-36 角闪石石棉的显微结构（×40）

晶体形态：纤维状集合体。蛇纹石石棉在电子显微镜下观察，每根纤维都呈空心圆柱状。更奇特的是，一种羟基纤蛇纹石的内部结构在电子显微镜下观察每根纤维都呈"内方外圆"的特征。

颜色：多数为白色，也有灰、棕、绿色。蛇纹石具有各种色调的绿色、浅黄色，常呈似蛇皮的绿黑相间的花纹，故称蛇纹石。

其他物理性质：丝绢光泽。摩氏硬度2.5～3，密度2.2～2.7克/厘米³。具有耐火、耐碱性能，但溶于盐酸。富挠性。蛇纹石的纤维状变种称温石棉，为石棉的一种，具典型的丝绢光泽。

鉴别特征：以其纤维状集合体、丝绢光泽、富挠性等特点为主要鉴定依据。

观赏价值：石棉以其独特的细而长的纤维状集合体的形态和典型的丝绢光泽而备受观赏者和收藏者的喜爱。尤其是蛇纹石石棉的每根纤维在电子显微镜下呈空心圆柱状或"内方外圆"的特征，非常具有观赏性。我国四川省石棉县所产的蛇纹石石棉不仅具有以上石棉的一般观赏价值，更重要的是，在该石棉矿区发现了宝石级的蛇纹石猫眼，颜色呈黄褐色、米黄色、黄绿色等。笔者对该地的蛇纹石猫眼进行过详细研究。猫眼眼线十分清晰，质地温润，猫眼鲜活。极具观赏价值。最大者可达其12～10毫米。猫眼效应是由纤维状蛇纹石平行定向排列所表现出的特殊宝石光学现象。

产状产地：蛇纹石石棉产于蛇纹石岩和蚀变的橄榄岩和辉石岩中。与叶蛇纹石和利蛇纹石相伴生。蛇纹石化过程中常有细粒磁铁矿伴生。石棉表面呈现丝绢光泽。石棉具有防腐、抗酸、绝缘和耐压等特性，可以制作石棉水泥瓦、石棉水泥管、石棉纸、隔音材料、石棉板等，多用于建筑工业和国防尖端技术。长绒状石棉多用于现代交通工具、化工和电器设备生产方面。

我国四川省石棉县、青海省芒崖所产的石棉在数量和质量上都是世界闻名的。

十一、长石

化学成分：长石的主要组成成分有钾长石 $K[AlSi_3O_8]$，钠长石 $Na[AlSi_3O_8]$，钙长石 $Ca[Al_2Si_2O_8]$ 三种。在高温条件下，钾长石和钠长石可以形成完全类质同像系列，但在低温条件下则只形成有限的类质同像。钾长石和钠长石的类质同像混晶统称为碱性长石。钠长石和钙长石形成的类质同像系列，构成斜长石。

晶体形态：三斜晶系—单斜晶系。单晶体常呈板状、短柱状（图5-37）（据王德滋，1974）。集合体呈块状和粒状。

颜色：无色、灰白色、肉红色和浅黄色等。呈绿色的微斜长石称为天河石。

其他物理性质：玻璃光泽，解理平行于{001}和{010}完全。摩

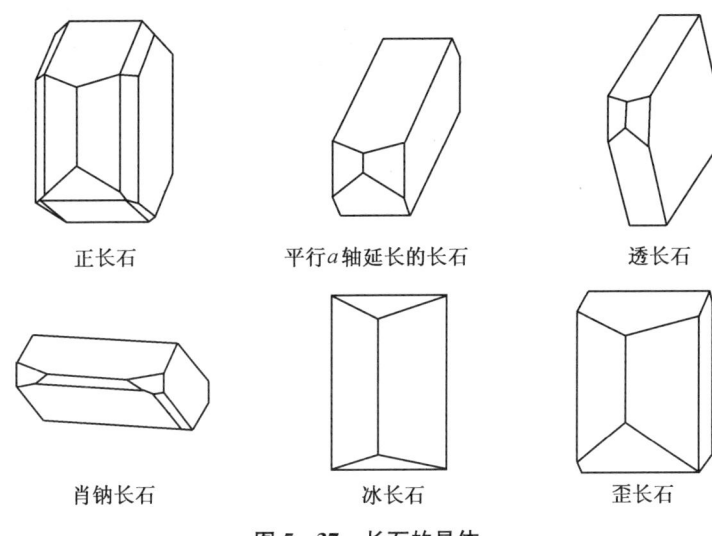

图 5-37 长石的晶体

氏硬度为 6,密度 2.56～2.57 克/厘米^3。

鉴别特征：以其晶形、颜色和密度而区别于其他相似矿物。

观赏价值：长石中具有观赏价值和宝石级的品种是月光石、日光石、拉长石和天河石。

月光石：呈乳白色、半透明,具淡蓝色晕彩。月光石是钾长石、钠长石的双晶交替排列,构成格子状结构的微斜长石。格子双晶层的厚度很薄,在 50～1 000 微米之间。这两组相互近似垂直的双晶纹,对入射光造成散射,密集的散射光线集中在一起,就呈现朦胧的晕彩。由于优质月光石具淡蓝色的晕彩,如同朦胧的月光,所以称为"月光石"。月光石与石英猫眼有些相似,区别在于当转动宝石时,石英猫眼呈明亮的线状光带平行移动,而月光石呈朦胧的月色片状移动。最有价值的月光石应显示蓝色的晕光,带白色晕光的月光石价值较低。月光石的晕光有方向性,晕色的延长方向应与琢磨宝石的长轴方向一致,应聚集在弧面宝石的中心位置,如果晕光在宝石中歪斜,将影响价值。

日光石：无色透明的斜长石中含有红色、黑色赤铁矿、针铁矿包体，当这些包裹体被入射光照射就反射出红色强的金属光泽，宛若天上的繁星。日光石与人造砂金石较相似，区别是日光石中的红色、黑色赤铁矿、针铁矿包体没有人造砂金石那样密集。日光石以半透明、色深、金属包裹体反光效果好为佳品。

拉长石：半透明，具蓝色、绿色、橙色、红色变彩。拉长石的双晶纹很明显，不同的层面反射出不同波长的色光，交织在一起就呈现出像彩色绸缎般的艳丽色彩。一般拉长石呈灰蓝色变彩，而苏联产的拉长石色彩较多，以鲜蓝为主，尚有黄绿色、橙黄色、绿色、褐色、红色等。芬兰产的一种拉长石具鲜艳的多色闪光，有时被叫做"光谱石"。拉长石的晕彩颜色较多，市场上以亮蓝色晕彩和黄绿色晕彩为主，质量好的为蓝色、黄橙色、粉红色、红色。黄绿色价值最低。

天河石：天河石与月光石同属微斜长石，但由于天河石的格子双晶层的层厚，所以不能呈现月光效应。但天河石以它自身美丽均一的微蓝色得到人们的喜爱。天河石以透明度好，解理少的纯正蓝色天河石为上品，一般带绿的蓝色天河石价格稍低。

产状产地：广泛分布于岩浆岩、变质岩、沉积碎屑岩和花岗伟晶岩中。斜长石是陶瓷业和玻璃业的主要原料，色泽美丽者可作宝玉石材料，如日光石。我国安徽女山产的宝石级无色透明歪长石晶体是常见长石族宝石中的稀少品种，发现于20世纪50年代，长期以来被大量采集，主要用作大专院校教学标本以及中国地质博物馆藏品和陈列品。近年来，在云南等地也发现了天河石，质量较好，呈天蓝、浅蓝、绿白等色，扁柱状，晶体3～5厘米，双晶常见，与白云母、绿柱石等共生。

世界上天河石晶体最好的产地当属美国科罗拉多州的派克斯皮克(Pikes Peak)和克里斯特皮克(Crystal Peak)，该地的花岗伟晶岩中产出的天河石晶体5～15厘米为主，最大达40厘米，呈深蓝绿色，与白色钠长石及近黑色的烟晶组成精美的标本，数十年来一直供不应求。俄罗斯乌拉尔、美国弗吉尼亚及日本、墨西哥、加拿大等地区产有一些精美的天河石晶体。在欧美市场上2～3厘米大的天河石晶体售价几美元至十多美元/块，10厘米左右的较好晶体一般为200～250美元/块，而同样大小，但造型、组合出色的标本售价高达1 500美元/块，精品很难见到。

十二、霞石

化学成分：$(Na, K)[AlSiO_4]$。

晶体形态：架状结构硅酸盐矿物。六方晶系。通常晶体呈六方短柱状、厚板状，集合体呈粒状或致密块状。

颜色：无色或灰白色，因含杂质而呈浅黄、浅绿或浅红等色。

其他物理性质：玻璃光泽。贝壳状断口，断口呈典型的油脂光泽。摩氏硬度5.5～6，密度2.55～2.66克/厘米^3。

鉴别特征：以其晶体形态、玻璃光泽和断口呈典型的油脂光泽、密度较低而区别于其他相似矿物。

观赏价值：六方短柱状、厚板状的晶形、玻璃光泽和断口呈典型的油脂光泽而具观赏性。

产状产地：霞石主要产于富钠贫硅的碱性火成岩和伟晶岩中。世界著名产地有挪威、瑞典、俄罗斯的科拉半岛和伊尔门山、肯尼亚和罗马尼亚等地。霞石主要用于玻璃和陶瓷工业。

在我国河南省安阳市西部九龙山发现了霞石正长岩矿床。霞石正长岩是一种新兴玻璃、陶瓷原料，也是一种具有优良性能的稀有非金属矿种。经国家建材局地质研究所多次勘探详查，反复研究论证，确认矿床面积2平方千米，裸露高差100米，储量1亿吨。储量大、品位高、质量上乘，开采容易，采选流程结构简单，操作方便、投资省、能耗低、成本不高。由于霞石正长岩性能好、质量高、用处广泛，国际国内需求量大，且该资源严重短缺，产地少，因此该产品在国内国际两大市场的前景十分广阔，开采面世，必受青睐。

十三、白榴石

化学成分：$K[AlSi_2O_6]$，组成成分相当稳定，仅有部分K可以被

Na 或 Ca 所置换。Na 的置换量不超过 13%,Ca 则更少。

晶体形态:架状结构硅酸盐矿物。四方晶系。单晶体通常呈等轴晶系变体外形,呈四角三八面体(图 5-38)(据王德滋,1974)。

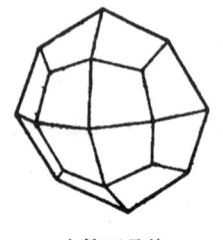 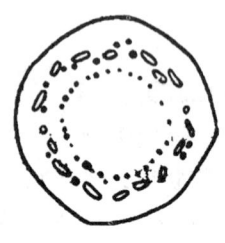 

白榴石晶体　　　　白榴石中的包裹体　　　白榴石的聚片双晶

图 5-38　白榴石的晶体及双晶

颜色:浅黄、浅灰色调的白色,有时则带淡黄色、淡肉红色。

其他物理性质:参差状至贝壳状断口。透明至半透明。摩氏硬度 5.5~6,密度 2.47~2.5 克/厘米^3。{110}解理极不完全。玻璃光泽或光泽暗淡。无荧光。条痕为灰色。遇 HCl 能分解,并有粉末状的 SiO_2 析出。

鉴别特征:以其晶形、颜色、光泽和较低的密度而有别于其他相似矿物。

观赏价值:白榴石通常是以粗粒状嵌生在颗粒比较细小的基石之中而具有观赏性。同时,白榴石常常会表现出"白榴石"的假象,这是由于高温状态白榴石结晶后,当温度冷却到 1 020℃时,将与残余的熔浆反应而转变成霞石与钾长石,而保留原白榴石的外形。此种假象,特称假白榴石。这种具有假象的白榴石具有较高的观赏和收藏价值。

产状产地:一般出现于富钾贫硅的喷出岩及浅成岩中。意大利的维苏威火山和美国的白榴石山为著名产地。白榴石可用于提取钾和铝及工业明矾。含白榴石的岩石风化所形成的土壤常较肥沃。中国江苏铜井娘娘山的白榴石响岩中有大量白榴石产出。

十四、香花石

化学成分：$Li_2Ca_3[BeSiO_4]_3F_2$。成分中常含少量 Al_2O_3、Fe_2O_3、MgO、Na_2O 和 K_2O。

晶体形态：等轴晶系。晶体常呈立方体、四面体、菱形十二面体、三角三八面体、五角十二面体等聚形（图5-39）（据刘文龙，1994）。通常呈细小粒状集合体。

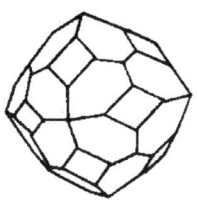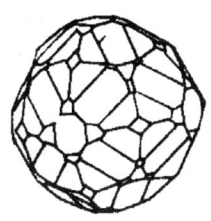

图 5-39 香花石的晶体

颜色：无色至乳白色。

其他物理性质：玻璃光泽。透明至半透明。摩氏硬度 6.5，密度 2.9~3.0 克/厘米^3。

鉴别特征：香花石颗粒呈细小圆球状，颜色较浅为其鉴定特征。

观赏价值：香花石系我国学者黄蕴慧女士等 1958 年在湖南临武香花岭锡矿发现的一种新矿物，也是我国发现的第一种新矿物。香花岭到目前仍为世界上已知的独一无二的香花石产地。香花岭所产的香花石矿物颗粒细小，已知晶体最大的约 10 多毫米，小的仅 0.2 毫米，一般 2~3 毫米。形如鱼子，形态独特，非常罕见，已知最大晶体标本长约 12 毫米，现存于中国地质博物馆。

产状产地：该矿物因发现于我国香花岭而得名。产于花岗质岩浆与石灰岩的接触带中。香花石分布在白色条纹岩的黑云母脉中，与其共生矿物有黑云母、萤石、方解石、金绿宝石、石磷灰石和白钨矿等。

十五、方柱石

化学成分：组成有两个端元组分：钠柱石 $Na_4[AlSi_3O_8]_3Cl$ 和钙柱石 $Ca_4[Al_2Si_2O_8]_3CO_3$。两者构成完全类质同像系列。天然产出的方柱石为此系列的中间成员。

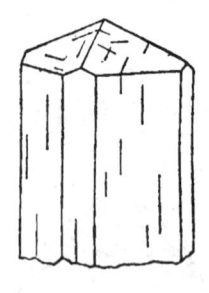

图 5-40 方柱石的晶体

晶体形态：晶体属架状结构的硅酸盐矿物。单晶体常呈沿 C 轴延伸的柱状（图 5-40）。集合体成粒状、致密块状。

颜色：一般呈灰色、灰黄色及绿色、浅黄绿色等，偶见玫瑰紫色、淡紫色、粉紫色、海蓝色等。

其他物理性质：玻璃光泽，$\{100\}$ 解理中等，$\{110\}$ 略差。摩氏硬度 5～6，密度 2.50～2.78 克/厘米^3，随成分中钙柱石分子的增加而增加。

鉴别特征：以其颜色、晶形和较低的密度而区别于其他相似矿物。

观赏价值：以其丰富多彩的颜色、柱状晶形而具有观赏性。尤其是颜色鲜艳、半透明至透明、晶体颗粒大的宝石级方柱石稀少、罕见，观赏价值极高。目前已发现我国新疆中天山产有宝石级海蓝色方柱石。晶体呈鲜艳的海蓝色，色调均匀，颜色十分美丽，半透明至透明，玻璃光泽，四方柱状晶体十分完整，棱角分明，无裂纹，柱面宽 5～6 毫米，晶体长 3～4 厘米。值得一提的是在新疆阿克陶县发现了宝石级紫色方柱石和紫色方柱石猫眼，深受观赏者和收藏者青睐。

产状产地：产于富钙的区域变质岩和矽卡岩中或气成热液岩石中。虽然普通方柱石比较常见，但宝石级方柱石稀少、罕见。目前已发现我国新疆中天山产有宝石级海蓝色方柱石，新疆阿克陶县产有宝石级紫色方柱石和紫色方柱石猫眼。

新疆阿克陶县宝石级方柱石产于矽卡岩内。产出的方柱石呈玫瑰紫色、紫色、淡紫色、浅粉紫色和无色，半透明至透明，玻璃光泽。晶体呈四方柱状或四方锥状，晶形完整，自形程度高，晶体柱面上有纵纹。柱面宽 0.5～1.5 厘米，长 1～3 厘米，最大者柱面宽 5 厘米，长 12 厘米。

除此之外，在新疆阿克陶县还发现了紫色方柱石猫眼。在半透明至透明的紫色方柱石中，有时可见平行于 C 轴、密集分布的细长管状包裹体，加工成弧形成面时，出现窄而直的猫眼效应，属紫色方柱石猫眼,是宝石级方柱石中罕见的珍贵品种。

复 习 题

一、名词解释

1. 双晶　　2. 晶簇　　3. 石榴子石　　4. 包裹体
5. 绿柱石　6. 玛瑙　　7. 发晶　　　　8. 香花石

二、简答题

1. 简述绿柱石的价值评价标准。
2. 简述电气石的特征及其分类。
3. 简述石英晶体的分类及其特征的双晶名称和特点。
4. 简述方解石晶体观赏价值的评价原则。
5. 简述黄铁矿晶体的主要形态及其双晶特征。
6. 简述锡石晶体的主要形态及其双晶特征。

三、思考题

1. 矿物晶体观赏石质量评价的一般原则。
2. 电气石的价值影响因素。
3. 水晶的观赏价值及价值的决定因素。
4. 香花石的特点及其成因。

第六章 化石观赏石

本章提要

本章主要介绍了化石观赏石的概念和分类、化石观赏石的保存条件、化石观赏石的保存类型和化石观赏石的评价原则等。重点介绍了重要的化石观赏石的一般特征和鉴别标志。同时介绍了在我国辽西地区热河生物群中所发现的非常珍贵的中华龙鸟、朝阳鸟、华夏鸟、孔子鸟、辽宁鸟等。

第一节 概 述

化石是属于古生物学的研究范畴。其研究对象是从岩层中发掘出来的化石(Fossil)。化石观赏石集知识性、科学性、观赏性和趣味性于一体,它不仅能够给人们带来愉悦,而且还具有很高的科学研究价值,通过对化石的研究,可推断当时的古地理和古气候,而且也能了解当时古生物的形态生存环境等方面的信息。

化石是指保存于地质历史时期岩层中的动植物的遗体和遗迹。化石必须具备一定的生物特征,例如结构大小、形状、纹饰等等。他们必须能够反映出生物的固有结构、构造等特征。现代泥沙层中埋藏着的蚌蛎贝壳,就不是化石,因为它们是现代的产物。在自然界中,不是所有的古生物都能保存为化石,据估计,能成为化石的只占古生物个体的万分之一,因此形成、保存化石需具备一些条件。

生物体形成化石必须具备一定的条件:

(1) 生物本身具有一定的易于保存的硬体。如蚌蛎的贝壳、脊椎动物的骨骼等,这些由矿物质组成的硬体比起软体(皮肤、肌肉以及各种器官)来不易风化腐烂。

（2）生物死后，借助沉积作用把生物遗体迅速埋藏起来，如果暴露在空中，则将受氧化作用或遭受其他生物吞食或破坏。一般来说，覆盖的物质愈细（黏土、细沙），沉积时愈宁静，氧气愈不流通的环境，愈有利于化石保存。化石形成后没有遭受强烈构造运动和火山活动的破坏。

（3）时间因素，即埋藏着的生物要在一定时间内，经过固结、充填、交代等石化作用，才能最终得以保存为化石。

值得注意的是，在观赏石市场上常见到一些假化石。所谓假化石，是指一些与生物无关或人工仿制的、易被误认为是化石的物体。天然形成的如"姜结石"、"龟甲石"、模树石及岩石、矿物的结核等。

第二节 化石观赏石的分类及其评价

一、化石观赏石的分类

化石观赏石根据其在地层中保存的形态及特点，一般可分为实体化石和遗迹化石两大类。

（一）实体化石观赏石

实体化石观赏石是指古生物遗体本身几乎全部或部分保存下来的化石观赏石。原来的生物在特别适宜的情况下，避开了空气的氧化和细菌的腐蚀，其硬体和软体可以较完整地保存而无显著的变化。例如猛犸象（第四纪冰期西伯利亚冻土层中于1901年发现，25 000年以前，不仅骨骼完整，连皮、毛、血肉，甚至胃中食物都保存完整）。

（二）遗迹化石观赏石

遗迹化石观赏石是指保留在岩层中的古生物生活活动的痕迹和遗物。遗迹化石观赏石中最重要的是足迹，此外还有节肢动物的爬痕、掘穴、钻孔以及生活在滨海地带的舌形贝所构成的潜穴，均可形成遗迹化石。遗物化石往往指动物的排泄物或卵（蛋化石），各种动物的粪团、粪粒均可形成粪化石。我国白垩纪地层中恐龙蛋世界闻名,过去在山东莱阳地区以及近年来在广东南雄均发现成窝垒叠起来的恐龙蛋化石。

二、化石观赏石的评价

前人已经概括归纳出化石观赏石的评价原则,总的来说可从稀有、奇特、造型、神韵、质地等方面来进行评价。

稀有。越是稀有、罕见的化石,其观赏价值和收藏价值就越高。如鸟化石、蛇化石保存的数量稀少,因而罕见难求。

奇特。化石观赏石不仅具有一般观赏石的特点,更重要的是这类观赏石还具有新奇和特别之处。例如含胚胎的恐龙蛋;华东地质学院曾收藏过一块双鱼化石标本,雌鱼在前正在产卵、雄鱼在后紧追不舍;琥珀里的昆虫正在交尾,均属罕见之物。

造型。造型是指生物体保存的完整程度及其体态的造型美。即保存的化石应包括生物体的全部硬体构造或某些软体印痕(如不仅有完整骨骼,而且还有皮肤印痕的玄武蛙化石,要比仅保存骨骼的标本价值高。)在保存完整的前提下,还应注意生物的体态造型美。

神韵。它是指化石所反映出的意境。化石不仅能使赏石者大饱眼福,又能使其触景生情、浮想联翩,产生一种艺术的欣赏和享受。

质地。它是指化石石化的程度。石化程度高的化石一般块体致密坚硬,密度较大,品质较佳。相反,石化程度较低的化石一般块体疏松,密度较小,品质较差,不易保存。

除上述五种评价标准外,生物化石与基岩的颜色对比度、化石的块体和质量大小等也是评价的重要依据。同时在评价一块化石质量时,还应强调"主次兼顾"原则:即稀有和奇特是化石观赏石最主要的依据。造型和神韵是观赏的价值所在,是评价的根本。两者应相辅相成,彼此兼顾。

化石是重要的观赏石品种,也是一些有机宝石和玉石的原料,如海百合、三叶虫、珊瑚、鱼、角石、菊石、恐龙等。因此生物化石越来越受到观赏者和收藏者的青睐。

第三节　地质年代表及各时期的生物特征

一、地质年代的概念

地质年代是各种地质事件发生的时代。

地质事件是地球上某一时期重大地质作用所产生的事件。比如火山喷发、地震、强烈的构造运动、生物的兴盛与绝灭及宝石矿床的形成等等。地质事件贯串于整个地球历史之中，可以说，地球的发展演化历史就是由这些地质事件构成的历史。

地质年代的计年方法与人类历史的计年方法一样，一般有两种：其一是各种地质事件发生的先后顺序，只表示相对的早晚而不表示时间的长短，称为相对地质年代。另一种是以"年"为计时单位，表示地质事件距今的年龄，称为同位素地质年龄（因主要是根据同位素技术测定的年龄）。这两种方法结合起来，就构成地质年代的完整概念，才能完整地说明地球的演化发展历史。

二、相对地质年代的确定

相对地质年代是一种只表示地质事件发生先后顺序的计年方法。它只讲早晚，不讲时间的长短。相对地质年代是一种很实用，也很常用的计年方法，因为发生各种地质事件的同时，在其形成的产物（主要是岩石）中也必然会遗留有痕迹，因此就可从各种岩石中寻找信息，来确定地质事件的先后，也就确定了它们的相对地质年代。一般依据化石层序律确定地质年代。

化石层序律，就是利用生物演化的规律来确定地层的相对年代。

前人已提出利用化石层序律确定地层相对地质年代的规律是：

（1）相对地质年代越老的地层中所含古生物化石的结构越简单（越低等）；相对地质年代越新的地层中所含古生物化石的结构越复杂（越高等）。

(2) 相同时代、相同环境形成的岩层中,具有相同的古生物化石及化石组合;不同时代,不同环境形成的岩层中,古生物化石及化石组合不同。

(3) 不同地区的地层根据化石及化石组合可以进行对比。

根据化石层序律不仅可以确定地层的先后顺序,还可大致确定地层的形成年代。如图6-1(据夏邦栋,1984)所示,根据化石层序律不但可确定甲、乙、丙三地地层的新老关系,还可建立该地区统一的地层层序。但在无化石的沉积岩或岩浆岩、变质岩地区就难以发挥作用。

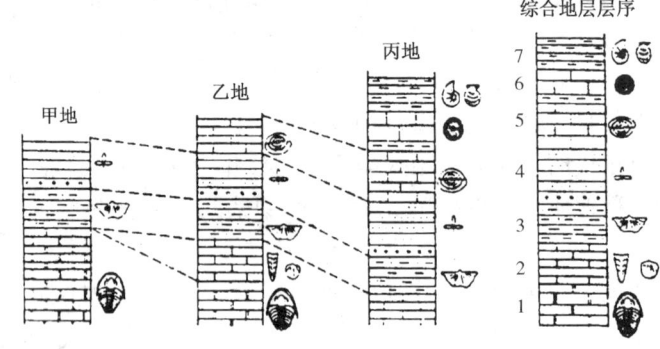

图6-1　根据化石层序律确定的地层层序及对比

柱状图右侧的符号表示不同化石及其组合,相同时代的地层用虚线连接。

三、地质年代表

19世纪以来,科学家通过对全球各个地区的地层进行对比研究,特别是对其中所含的古生物化石进行对比研究,逐渐认识到在地球的发展进程中,生物界及无机界的演化都表现出明显的自然阶段性。于是就以地球演化的自然阶段为依据,配合同位素地质年龄,对漫长的地质历史进行了系统地编年与演化阶段划分,编制出在全球范围内能普遍参照对比的年代表,即地质年代表。

地质年代单位的划分是以生物界及无机界的演化阶段为依据的,根据演化阶段的级次关系,将地质年代单位划分出相应的级别。其中最主要的有宙、代、纪、世四级年代单位。

表6-1(据叶俊林等,1996)是结合我国实际情况编制的地质年代表及不同地质年代的生物特征。

表6-1 地质年代表

地质年代单位(地层单位及代号)				同位素年龄值 Ma	生物界	
宙(宇)	代(界)	纪(系)	世(统)		植物	动物
显生宙(宇PH)	新生代(界)Kz	第四纪(系)Q	全新世(统Q_h)	0.01	被子植物繁盛	人类 / 哺乳动物与鸟类繁盛
			更新世(统Q_p)	2.5		
		第三纪(系)R / 新第三纪(系)N	上新世(统N_2)			
			中新世(统N_1)	23		
		老第三纪(系)E	渐新世(统E_3)			
			始新世(统E_2)			
			古新世(统E_1)	65		
	中生代(界)Mz	白垩纪(系)K	晚白垩世(统K_2)		裸子植物繁盛	爬行动物繁盛
			早白垩世(统K_1)	135		
		侏罗纪(系)J	晚侏罗世(统J_3)			
			中侏罗世(统J_2)			
			早侏罗世(统J_1)	205		
		三叠纪(系)T	晚三叠世(统T_3)			
			中三叠世(统T_2)			
			早三叠世(统T_1)	250		
	古生代(界Pz)	晚(上)古生代(界)Pz_2	二叠纪(系)P	晚二叠世(统P_2)		蕨类及原始裸子植物繁盛	两栖动物繁盛
				早二叠世(统P_1)	290	
			石炭纪(系)C	晚石炭世(统C_2)			
				早石炭世(统C_1)	355	
			泥盆纪(系)D	晚泥盆世(统D_3)		裸蕨植物繁盛	鱼类繁盛
				中泥盆世(统D_2)		
				早泥盆世(统D_1)	410	
		早(下)古生代(界)Pz_1	志留纪(系)S	晚志留世(统S_3)		藻类及菌类植物繁盛	海生无脊椎动物繁盛
				中志留世(统S_2)		
				早志留世(统S_1)	439	
			奥陶纪(系)O	晚奥陶世(统O_3)			
				中奥陶世(统O_2)		
				早奥陶世(统O_1)	510	
			寒武纪(系)∈	晚寒武世(统$\in_3$)			
				中寒武世(统$\in_2$)		
				早寒武世(统$\in_1$)	570	
元古宙(宇)PT	新元古代(界)(Pt_3)	震旦纪(系)Z	晚震旦世(统Z_2)	700		裸露无脊椎动物出现
			早震旦世(统Z_1)	800		
		青白口"纪"(系)Qb		1 000		
	中元古代(界)(Pt_2)	蓟县"纪"(系)Jx		1 800		
		长城"纪"(系)Chc				
	古古古代(界)(Pt_1)	滹沱"纪"(系)Ht		2 500		
		未名				
太古宙(宇)AR	新太古代(界)(Ar_2)			3 100	生命现象开始出现	
	古太古代(界)(Ar_1)			3 850		
冥古宙(宇)HD				4 600		

第四节 腕足类、头足类、珊瑚类

一、腕足类

腕足动物是一类品种繁多而且具两瓣硬壳的单体海生底栖生物,是具有真体腔和纤毛环的无脊椎动物,全为单体海生底栖,群居。腕足动物门是具两枚壳瓣的海生底栖固着动物,两枚壳瓣大小不等,每枚壳瓣左右对称。壳质主要为几丁磷灰质或钙质,腹壳有铰齿,背壳有铰窝。志留纪至二叠纪最为繁盛。腕足动物自寒武纪到第四纪地层中均有化石记录,少数种类延至现代。化石主要保存在灰岩、泥灰岩及钙质页岩中,以产于泥灰岩中者易于风化出保存完美的化石观赏石,特别是大量个体聚集于同一块标本上者观赏价值较高。由于腕足类化石最多易寻,所以除个别体大者外,多属中低品档种。主产于各省区古生代地层中,尤以湘、桂、鄂、滇、黔为盛。主要的观赏品种有:

(一)巅石燕

巅石燕属腕足动物门,有铰纲,石燕目的一属。贝体中等,半圆形或菱形(图6-2)。铰合线直而长,两壳双凸型,中槽、中隆发育,光滑无饰褶。两端呈尖翼状伸展。腹壳内齿板发育,背壳内具腕螺,螺顶指向两翼。主产广西,次为滇东及东北地区。见于下泥盆统泥岩、泥灰岩及页岩中。以铰合线发生黄铁矿化且直而长,形态完整者最为珍贵,以体

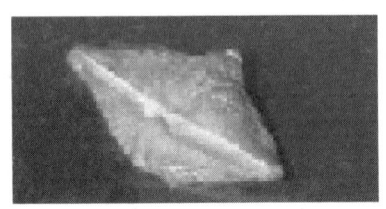

图6-2 巅石燕

大、两侧尖翼长而完整者为上品,同一标本上同时保存多个或多种共生腕足类化石者具较高观赏价值。

(二)弓石燕

弓石燕属腕足动物门有铰纲石燕目,又称中华石燕。弓石燕是

前苏联古生物学家纳利夫金于1918年首次提出的。田奇㻪最早研究于湖南上泥盆统的中国石燕。弓石燕壳体横长,近于菱形。铰合线直长,是壳的最宽处。两壳双凸型,中槽、中隆发育,从喙部开始,贯穿全壳。铰合面低而凹曲,具三角孔或覆有三角板(图6-3)。壳面有细密壳线,中槽及中隆壳线细密分叉,两侧壳线较粗,不分叉,由背壳和腹壳组成,复壳呈尖锥形,似鸟喙,中央具凹下的腹中槽。齿板发育,背壳内主突起粗大,二分叉。主要产于湖南的上泥盆统泥灰岩及泥岩中,下石炭统也有产出。常呈单体孤立分散保存,最具观赏价值的弓石燕化石是化石成群或成簇聚集在板岩或泥灰岩的基底上,且形态清晰逼真,无破损。如果单体黄铁矿化程度高,体形完整,也属上品。

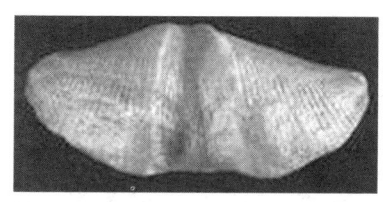 

图6-3 弓石燕

(三)鸮头贝

鸮头贝属腕足动物门,有铰纲,穿孔贝目的一属。因其形状似一种凶猛的名为鸮的鹰,故名鸮头贝,又名枭头贝。体硕大,横卵形至卵形(图6-4)。两壳双凸形,腹壳凸度更大。铰合线短,壳面光滑,壳体呈心型或球形,壳体表面具美丽的纹饰。背壳内腕环长而宽,平行于背壳内部边缘。为腕足类中个体最大者,其中肥厚型的品种体径常超过10厘米,壳质厚,腹喙突而向内

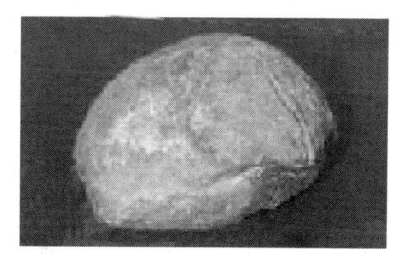

图6-4 鸮头贝

弯,两侧对称,两壳的中央对称面位置具坚实的中隔板。主要产于云南东部一带中泥盆统泥灰岩、灰岩及白云岩中,距今约 3.7 亿年。当产于泥灰岩中则易风化剥落,保存完整而体大者为上品,多个敦实憨厚且较完整的个体共存于同一标本者最具观赏价值。

(四)小舌形贝

小舌形贝俗称"海豆芽",为腕足动物门,无铰纲,舌形贝目的一属。壳为几丁质,两壳大小近等,轮廓长方形(图6-5)。壳面平滑,或具同心纹。始见于寒武纪,延续至现代。主要产于辽宁复州湾中寒武统泥灰岩中。

图6-5 小舌形贝

(五)五房贝

五房贝壳体呈长卵形或五边形(图6-6)。铰合线微弯曲,主端圆。近等双凸形。腹壳有强烈弯曲的壳喙,中槽与中隆均不显。壳面光滑无纹饰,有时仅前部可见微弱的同心线。产于志留纪的泥岩或泥灰岩中,单体保存,整体形态完整呈长卵形或五边形的五房贝观赏价值较高。

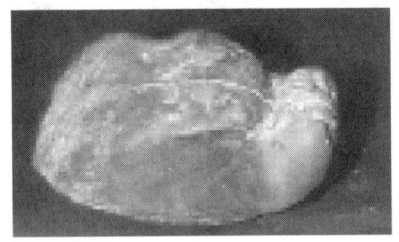

图6-6 五房贝

二、头足类

头足类是高等的海生软体动物,现生的代表有 Octopus(章鱼)、Sepia(乌鱼贼)、Nautilus(鹦鹉螺)等。头足类的身体两侧对称,以甲壳类、鱼类为食。雌雄异体,两性通常明显异形。体内受精,直接发生,头足纲的壳体成分多为钙质。壳体大小不一,一般几十厘米,小者仅长几厘米。

头足动物自晚寒武世出现，至今还有一些代表在海洋中繁衍。早期古生代阶段，全为鹦鹉螺类，到奥陶纪时迅速发展，达到了全盛时期；晚期古生代至中生代时期，以菊石亚纲和箭石目为主，随着中生代的结束，繁荣一时的菊石类也随之绝迹。箭石目也绝灭了。新生代的头足动物以十腕目、八腕目的繁荣为特征。这时鹦鹉螺亚纲只残存个别个体。现生的鹦鹉螺在地理分布上限于西南太平洋斐济和菲律宾一带。

　　现生头足动物全是海生的。化石头足动物都保存在海相地层。鹦鹉螺类除现存鹦鹉螺外，全为化石属种。白天栖居海底或近海底游泳，夜间成群浮游海面，以鱼虾为食。具直形壳的鹦鹉螺类，如大多数内角石、珠角石亚纲属于大体呈水平状在海底或近海底流动，活动力不强。具有厚重箭鞘的直形壳箭石，缺乏浮力，可能为底栖类型；平旋壳，大多如鹦鹉螺能在水中自由游泳。

　　壳体藏在体内或无壳的十腕目和八腕目，身体轻巧，能借助漏斗的强有力的喷水（或墨汁），作快速的后退运动。

　　头足类中最具观赏价值的化石有鹦鹉螺类（如直长圆锥状震旦角石及卷壳状的盘角石）和具曲折美观缝合线的菊石类如假海乐菊石等。其全为海生肉食性生物，壳体内具隔壁和体管。

　　鹦鹉螺类壳由小到大，一般为平旋壳，少数为环形壳、弓形壳。体管细长，多位于近中心，少数腹位或背位。直颈式。一般无体管沉积。鹦鹉螺是其唯一现生属，也是头足纲中一个活化石。见于奥陶纪至现代。鹦鹉螺类主要产于鄂西、湘北、黔北及华北的奥陶系泥灰岩及灰岩中。

　　菊石类绝大多数为平旋壳，壳侧面扁缩，呈盘形、凸镜形、腹背扁缩呈球形、椭球形。壳圈断面形态多样。少数壳形不规则，壳壁较鹦鹉螺类为薄，壳饰复杂。壳口形态多样，住室长短不一。产于泥盆纪至白垩纪地层中。菊石类产华南及我国西部晚古生代及中生代海相地层中。

　　主要观赏石品种有：

(一) 震旦角石

震旦角石又称中华角石,它的外形如同宝塔一样,故又称宝塔石。属无脊椎动物头足纲。壳体呈圆锥形成圆柱形(图6-7),壳面饰有显著的波状弯曲横纹,体管细小,近似位于中央,最大壳体长可达100厘米。主要产于我国湖北和湖南等地区的奥陶纪地层中,距今约4.4~5.1亿年。保存完好、纹理清晰的震旦角石,以及波状横纹和体管

图6-7 震旦角石

清晰,体形较粗、较长且未缺失尖顶者,具有较高的观赏和收藏价值。作为观赏的震旦角石一般不宜从岩石中完全剥离开来,而应依其形状走势,部分琢磨掉基岩,使角石最大限度地显现出来,如同浮雕一般,古朴高雅,更具观赏性。同时三峡宜昌也是震旦角石发现和保存最好的地区之一,它已经成为馈赠亲友的高档礼品。

(二) 阿门角石

阿门角石属无脊椎动物头足纲鹦鹉螺亚纲。壳直,体管大呈串珠状(图6-8),具内体管支管。横切面略呈椭圆形,隔壁较密。主要产于我国北方奥陶纪至志留纪灰岩中。阿门角石体态完整或者稍有弯曲者均具有观赏和收藏价值。

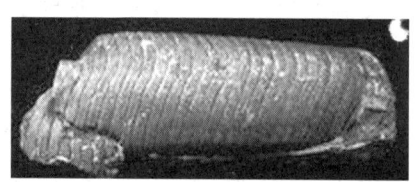

图6-8 阿门角石

(三) 假海乐菊石(Pseudohalorite)

假海乐菊石属头足纲菊石亚纲。壳内卷为椭圆形,横断面呈半圆形。壳体平旋式生长,左右两侧对称。壳面具有显著的横肋和沟,横穿腹部。体内具弯曲的隔壁,并与壳壁交接形成曲折美丽的缝合线,壳体左右两侧的中央各有一下凹的脐。脐很窄或闭合。壳体直径2~3.5厘米(图6-9)。主产湖南,尤以湘潭一带的下二叠统深灰色泥岩中产出最多,并常发生黄铁矿化现象。新鲜未风化的黄铁矿

化菊石最具观赏和收藏价值。

（四）菊石

菊石是一种已经灭绝了的软体动物，它们最早出现在古生代泥盆纪初期，繁盛于中生代，广泛分布于世界各地的三叠纪海洋中，大约有260属3 000种，白垩纪末期绝迹。

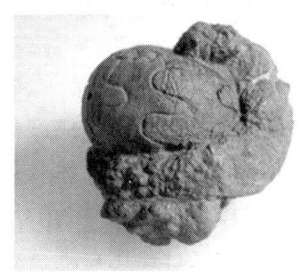

图6-9　黄铁矿化的假海乐菊石

菊石是由鹦鹉螺（现在仍然存活在深海中）演化而来的，与鹦鹉螺的形状相似，属于头足类动物，运动器官在头部。

菊石的体外有一个硬壳，大小差别很大，壳为几厘米或者十几厘米，最小的直径仅有1厘米，最大的直径达1米左右。壳的形状也是多种多样，有三角形的、锥形的和旋转形的等（图6-10），旋转形的壳在菊石中占绝大多数。

图6-10　菊石

关岭动物群的瓦窑组底部的泥灰岩和泥质灰岩中产有十分丰富的菊石化石，它们不仅数量很多，而且个体完整，常密集地分布在岩石的层面上形成菊石富集层。大量菊石化石的发现为恢复当地的古生态环境提供了有利的证据。

三、珊瑚类

珊瑚是一种比较高级的海生腔肠动物。大多具有外骨骼，主要由碳酸钙和介壳素组成。单体或群体固着海底生活。珊瑚在奥陶纪就已出现，四射珊瑚、横板珊瑚早在二叠纪已绝灭，海葵、石珊瑚等延续至今。在一定的环境下，群体珊瑚常形成珊瑚礁。珊瑚硬体的骨骼经石化作用后，形成珊瑚化石，常保存于灰岩及泥灰岩中。珊瑚硬体的形态多样，分为单体和复体两类，单体者以角锥状及拖鞋状最具观赏价值。复体者以多角状及丛状常见，也具一定观赏价值。总体说来，珊瑚化石在化石观赏石中仅属中低档品种。

珊瑚树枝的表面具有独特的图案，类似条纹或木纹，是由原来的骨骼形成的。大部分珊瑚——红、粉红、白和蓝色变种——由碳酸钙组成，黑色和金色珊瑚则由介壳素组成。红珊瑚最为珍贵，数千年来一直用作珠宝，观赏价值很高。

珊瑚在世界许多暖海地区都有出产，但真正的造礁珊瑚虫却总是在近岸相当浅的暖海中发现。通常在距水面30米生长最旺盛。例如：在非洲的红海就以多珊瑚礁著称，在苏伊士湾口有许多密集的珊瑚群，滨海一带海底有珊瑚礁的地方均生长珊瑚。另外，在地中海，日本小笠原群岛至琉球群岛的浅海区，以及我国台湾基隆和澎湖列岛均有质量好的珊瑚产出。日本珊瑚是我国主要原料，日本珊瑚有红色、粉红色和白色。红色和粉红色也分布在地中海、非洲海岸、红海和马来西亚的海域中，黑色和金色分布在西印度群岛、澳洲以及太平洋岛屿附近的海域中。

常见的观赏品种有：

（一）犬齿珊瑚

犬齿珊瑚属于皱纹珊瑚目。其骨骼微细构造为层状组织，即结构单元是方解石晶片，由生物结晶构成，形体很小，很薄。隔壁微细构造为羽层状（图6-11）。单体呈弯曲圆锥状，主内沟深而空阔，其外形整体上呈犬

图6-11 犬齿珊瑚

齿状,略有弯曲,故名犬齿珊瑚。主要产于浙江江山石炭纪、二叠纪的地层中。

呈单体的犬齿珊瑚,如果形态完整,无破损,弯曲圆锥状明显者,观赏价值较高。

（二）拖鞋珊瑚

拖鞋珊瑚属单体泡沫型四射珊瑚。外形拖鞋状,一面平坦,一面上凸或半圆形（图6-12）,底面长约1厘米,宽约4厘米,具半圆形萼盖,体内全为泡沫状小板。平视呈倒置的近似等边的三角形;萼部深陷,整体似拖鞋状,有时还具半圆形枣盖。主要产于我国广西、云南、贵州等地,尤以广西南

图6-12 拖鞋珊瑚

宁以东的巨江北岸盛产。拖鞋珊瑚仅产于古生代泥盆纪地层中,是泥盆纪重要的标准化石之一。见于钙质泥岩及泥灰岩中。常呈完整单体保存,当多个个体连生于泥灰岩上时具一定观赏价值。单个个体较大而又具萼盖者为上品,萼内深陷,萼盖能开启者最为难得。

（三）六方珊瑚

六方珊瑚旧称多角珊瑚,为块状群体双带型珊瑚。鳞板小,半圆形,组成较宽的鳞板带,床板完整或不完整。复体外形呈10～30厘米的球团状（图6-13）,顶部及周围表面具似蜂巢状的萼部凹穴,个体多呈多角柱状,两级隔壁,有时具脊板,鳞板带宽,由多列半圆形鳞板组成,横板带窄且不完整。横断面上为直径6～15毫米的密集不规则六边形故而得名,纵切面上为长条形柱状呈扇形排列的多个个体。主要产于云南、四川、广东、湖南、广西和

图6-13 六方珊瑚

秦岭西部的中泥盆统灰岩及泥灰岩中。以产于泥灰岩中而易风化出萼部的完美球团状或粗蘑菇状复体者颇具观赏价值。

（四）贵州珊瑚

贵州珊瑚属单体双带型四射珊瑚，多为大型圆柱状。隔壁多，少数长隔壁伸达个体中心且扭结。床板短小，面上突，略向轴部升起。主内沟清晰，鳞板带宽，呈规则的同心状，横板呈泡沫状，向中心上升。为个体最大的单体珊瑚，一般体长15～30厘米，体径4～7厘米；外形极似牛角状，又称"牛角石"（图6-14）。贵州珊瑚主要产于广西、贵州及云南西部的下石炭统灰岩及泥灰岩中。产于泥灰岩中者可获得完整个体者观赏价值最高。

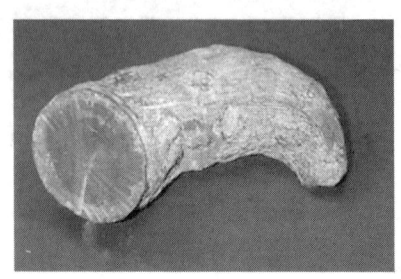

图6-14 贵州珊瑚

（五）阿盖特珊瑚

阿盖特珊瑚体壁直，角孔圆，横板完整。隔壁约20个，长隔壁伸达个体中央，薄而弯曲状（图6-15）。出现在晚奥陶世，产于江西玉山长坞组的灰岩和泥灰岩中。

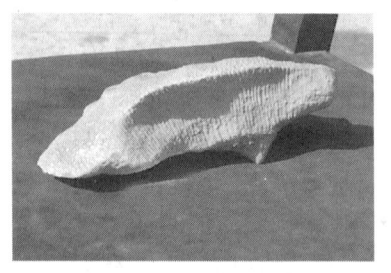

图6-15 阿盖特珊瑚

图6-16 蜂巢珊瑚

（六）蜂巢珊瑚

蜂巢珊瑚属横板珊瑚蜂巢珊瑚目。群体块状，个体呈多边形，直径约1～1.5毫米，横板完整、较薄，一般为水平状或倾斜状（图6-16）。

且隔壁刺成行排列。出现在晚奥陶世至中泥盆世。主要产于广西六景泥灰岩中。蜂巢珊瑚如能形成形似现代珊瑚礁或呈扁平分枝状者最具观赏价值。

第五节　三叶虫类

　　三叶虫属水生节肢动物中化石最多的一个纲,全为海生,用鳃呼吸,是寒武纪的标准化石,具坚硬的几丁质的外壳,身体分头、胸(或头胸部)和腹部。三叶虫化石,一般长4～8厘米,外形多样,纵宽而扁平至两侧扁平,三叶虫躯体背面覆以一坚实的外骨骼,多呈卵形或椭圆形,称为背甲。背甲成分以碳酸钙和磷酸钙为主,质地坚硬,背甲由前向后横分为三部分即头甲、胸甲和尾甲。因背甲被两条背沟纵分为轴部和左右对称的两个肋叶,故名三叶虫。胸甲由许多形状相似的胸节组成,这些胸节相互衔接,三叶虫身体能够蜷起或伸展开全靠这些活动的胸节,尾甲是指三叶虫身体末端由若干体节融合而成的部分,它们形成三叶虫独特的尾部。三叶虫的尾一般都是半圆形,由于尾的边缘常常形成大小不同的尾刺,使许多三叶虫的尾伸展、放射,变得很美丽。整个三叶虫的背面硬而光滑,但有些种类在背甲上具有小瘤或小结节。由于三叶虫终生阶段性脱壳,所以常见头甲、尾甲分散保存为化石。

　　最早的三叶虫化石发现于下寒武统底部含小壳化石层位之上。其始祖应在寒武纪前就已存在,但至今未发现任何化石记录。寒武纪时期,三叶虫已经非常繁盛,奥陶纪的三叶虫还出现了一些新类型。志留纪和泥盆纪的三叶虫,已进入衰落时期。古生代末,三叶虫全部绝灭。

　　三叶虫生活在泥质或泥灰质海底,少数漂游或钻入泥中,因此三叶虫化石常产在灰岩、泥质灰岩或页岩中。部分完整、清晰的三叶虫除作为观赏石收藏外,用三叶虫制作的各种工艺品也已进入市场,这些工艺品工艺精细,古朴大方,清新淡雅,妙趣横生,为高级礼品和天

然艺术珍品。重要的三叶虫化石观赏石品种有:

(一)莱德利基虫

莱德利基虫属三叶虫纲、莱德利基虫目的一属。头部大,半圆形(图6-17)。尾部小,不分节,胸节多,头鞍沟明显且窄而长,几乎伸至外边缘,三对头鞍沟,颈环宽大。具颊刺。眼叶大而长,弯曲成半圆形,且靠近头鞍,形态呈新月形,末端与头鞍相接。边缘沟深。面线前支与中轴线交角成45°～90°。产于山东济南下寒武统的灰岩和泥灰岩中。

图6-17 莱德利基虫

(二)蝙蝠虫

蝙蝠虫属三叶虫纲。头盖近三角形,头鞍前窄后宽,尾部较大,呈半圆形,中轴凸起。保存完整的化石长3～8厘米,常见头甲、胸甲、尾甲分散保存,其中以尾甲形态最具鉴别意义,尾部有一对左右对称的前肋刺,中间为锯齿状小刺,形状非常相似于蝙蝠,故名蝙蝠虫(图6-18)(据张家志等,1994)。当尾甲完整呈清晰的立体状保存而且大小相间,互不相叠,形态生动的蝙蝠虫具有很高的观赏和收藏价值。蝙蝠虫多保存在结晶致密的泥灰岩和钙质页岩中。蝙蝠虫不仅用于观赏,目前市场上也出现了用带基岩的蝙蝠虫打磨制作的工艺品——砚台,而且命名为"多蝠砚"、"鸿蝠砚",含义深远,深得书法家的赏识。近年来,鸿蝠砚多次被选为国家礼品,馈赠于外国元首和国际友人。蝙蝠虫主产华北地区,尤以鲁西最盛,湘西

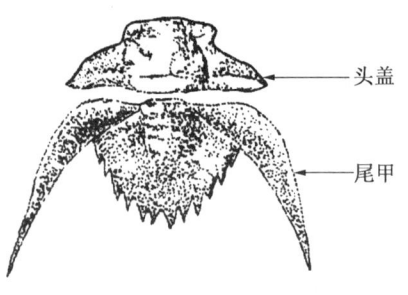

图6-18 蝙蝠虫

及云南中越交界处也有产出。时代属晚寒武世,产于棕黄色薄层含泥质灰岩中。

（三）南京三瘤虫

南京三瘤虫头部强烈凸起,头鞍具一明显的假前叶节,三对头鞍沟,后两对较清楚。饰边分为一个凹陷的内边缘和一个略凸的颊边缘,内边缘有2～3列小陷孔分布在放射状陷坑之内,颊边缘前部小陷孔作放射状排列,侧部小陷孔排列不规则。在下叶板的梁脊之外有一列或两列小陷孔。颊刺向后或向外侧伸。胸部6节。尾短,三角形或半椭圆形,中轴狭窄,分节明显,肋叶有三对肋沟。形成时代为晚奥陶世。

（四）王冠虫

王冠虫属三叶虫纲的一属,完整虫体长3～6厘米,头甲三角形,具三个呈"品"字形排列的半球形突起,遍布粗瘤(图6-19)。头鞍前端球形,后部较窄,两侧平行,有三对相互接连的头鞍沟。头颊刺细而长指向后方,胸甲分11节,尾甲呈长三角形,轴部分节多而密集,特别是中轴分节沟中部较浅,两侧较深。当虫体清晰并强烈凸出于底板基岩,虫体头瘤明显,且虫体颜色深、颜色对比度强,底板基岩新

图6-19 王冠虫

鲜致密者即为上品。多个虫体共生一块标本且大小相间者为精品。主要产于川南、黔北、鄂西,皖南亦有产出。时代属中志留世,产于棕黄色页岩中。

（五）云南虫

云南虫虫体呈弯曲状,形似弓形蠕虫,体态较小,一般体长为2～4厘米,有的长度可达6～7厘米(图6-20)。与其他种类的三叶

图6-20 云南虫

不同,云南虫没有胸甲,只有头甲和尾甲,云南虫的化石呈蓝灰色或灰黑色,壳体很薄。它是我国古生物学专家侯先光于1991年在云南澄江县巾昌天山发现的,因为这是一种新类型的脊椎动物化石,在世界其他国家和地区并未发现,故名云南虫,它是目前世界上寒武纪最古老的脊椎动物。

第六节　植物类、棘皮动物类

一、植物类

古植物和现代植物一样,种类繁多。根据植物体构造的复杂程度,可分为低等植物和高等植物两大类。低等植物是由单细胞和多细胞组成的条状、丝状、片状的植物体,不具有根、茎、叶,称为叶状体植物。大多在水体中营浮游生活方式,一般无输导组织。高等植物则形体复杂,分化出真正的根、茎、叶,称茎叶植物。主要在陆地上营固着生活方式,具有输导作用的维管束。

地史上最早出现的生命是属于植物界的。常见的植物类化石观赏石有:

（一）鳞木

鳞木为古代蕨类植物,石松植物目,主要包括鳞木科、奇木科和封印木科三种。茎干粗大,皮质很厚,叶狭长(图6-21),具有中脉,叶座上具有明显的叶痕。鳞木生长在沼泽和潮湿地带。鳞木树高30～40米,树干外表常覆盖有一层呈螺旋形排列的叶痕,表皮非常像鱼鳞,故名鳞木。在距今约3.5亿年

图6-21 鳞木

左右的石炭、二叠纪达到极盛时期,由于地球运动,地理环境变化巨大,石松植物逐渐衰亡。蕨类植物遗体大量堆积,被掩埋在湖泊沼泽里,经过炭化变质,形成了大量的煤层。

鳞木的树干高大,顶部分枝,形成树冠,最大的鳞木化石可高达38米。最大的封印木根部直径2米,曾经报道有一个树干化石标本,其长竟达35米。

据报道,2001年5月贵州省博物馆专家在贵州修文县六屯乡发现了一根鳞木化石,该化石全长375厘米,树干长270厘米,直径21厘米,埋藏于硅质矿层中。

广东省中山市博物馆藏有极其珍贵的距今2亿9 000万年前的猫眼鳞木化石,观赏价值极高。据报道,山东莱芜也曾有猫眼鳞木化石产出。

(二)叠层石

叠层石是地质历史时期藻类生物的化石,是前寒武纪未变质的碳酸盐沉积中最常见的一种"准化石",被称为"会记忆的石头",是原核生物所建造的有机沉积结构。由于蓝藻等低等微生物的生命活动所引起的周期性矿物沉淀、沉积物的捕获和胶结作用,从而形成了叠层状的生物沉积构造。叠层石的色层构造形态、结构各异,有纹层状、同心球状、半球状、柱状、锥状及分枝状等(图6-22)。根据Walter(1983)的统计,已知在澳大利亚、北美和南非三个不同大陆的11个地点发现了太古宙的叠层石,其年龄都在25亿年以上。晚元古代(20亿年前到7亿年前)是地史上叠层石最繁盛的时期,其分布广泛、形态多样。后生动物出现(7亿年前)以后叠层石骤然衰落。古生代寒武纪至泥盆纪叠层石数量和分布范围有限,但仍不难见到。泥盆纪以后叠层石只是残存了。现代海相叠层

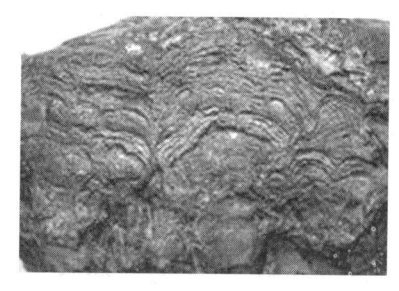

图6-22 叠层石

石只分布在澳大利亚、中美洲、中东等地的少数地区的特殊环境中。通常叠层石产出于灰岩和白云岩中,有些叠层石发育在燧石、磷酸盐岩(胶磷矿)中,由磁铁矿和赤铁矿构成的叠层石以及锰叠层石也颇为常见。

叠层石中的蓝藻化石保存着数十亿年前的生物、气候、地质、地理等极为珍贵的环境信息。我国科学家曾在河北庞家堡一带发现叠层石化石。天津蓟县国家地质公园所产出的叠层石发育最好、保存最完整、信息资料最丰富,其中蓝藻化石保存厚度达3 336米,成为研究认识地球演化史的宝贵资料。

我国北方中元古界白云岩、白云质灰岩及灰岩中普遍产出叠层石。在南方上元古界震旦系上部白云质灰岩及硅质白云岩中也有产出。当叠层石深浅交替变化大而又具一定特殊形态时,特别是经自然风化溶蚀后又具凹凸状层层叠垒的古城堡状或层层包卷的卷心菜状或更具情趣的分枝状、云朵状者更具较高的观赏价值。除此之外,叠层石也用来制作加工具有很高艺术价值的工艺品,成品色泽斑斓,花纹自然流畅,古朴典雅,浑然厚重,极具观赏和收藏价值。并且作为国礼馈赠外国友人。目前市场利用叠层石制做加工的砚台、茶具、印章、笔筒以及手链等很受欢迎。同时,它也具有很高的科学研究价值,根据叠层石纹层的厚度变化等可以判断和了解当时的古地理环境信息,被地质学家公认为同一地质时期的"标准型剖面"、世界罕见的"地质瑰宝"。

(三) 硅化木

硅化木即为已石化的树木。硅化木的主要矿物组成为石英质,主要包括玛瑙、玉髓和蛋白石。硅化木主要生成于中生代时期,以侏罗纪、白垩纪最多。陆相造山运动和地震使得树木被埋藏。陆相火山爆发产生大量火山灰也使得森林树木被埋藏。树木被埋藏后,由于处于封闭的还原环境,木质纤维不易腐烂变质,在漫长的地质年代中,岩浆期后的富含SiO_2热液沿树木裂隙对其进行交代而最终形成硅化木。

硅化木根据其主要矿物组成可细分为：

蛋白石硅化木，即以蛋白石矿物成分为主的硅化木。

玛瑙硅化木，即以玛瑙（玉髓）矿物成分为主的硅化木。

普通硅化木，即以隐晶质 SiO_2 交代而成的硅化木。

我国新疆准噶尔盆地东部奇台县将军戈壁滩的硅化木-恐龙国家地质公园内的硅化木群，面积2 000多亩，硅化木1 000多株，是我国目前面积最大、数量最多的硅化木群，也是世界上最壮观的硅化木群之一。硅化木直径一般0.5～1米，最大达2.8米，长一般5～20米，最长达6米。

除此之外，我国还有许多地方都曾发现规模不等的硅化木化石，较著名的有：

贵州省赤水金花坎、习水良村一带侏罗纪、白垩纪的松柏类硅化木化石。

山东省临朐、费县的红笔树硅化木，树干长12米，直径0.40米。

四川省自贡市大山埔产有树干长20多米的硅化木。

浙江省东部新昌县镜岭安溪一带近期将建设一座以白垩纪地貌为特色的国家级地质公园。硅化木化石南北绵延分布近七千米，露出地面的硅化木树干长一米多，尚有树干需四五个人合围，有一直立硅化木底部还露出部分树根，另一棵树干长10余米，树干直径达2米多的松科硅化木化石，年轮依稀可见，连树皮和蛀虫咬过的痕迹也被保留下。

河南省孟津县黄河小浪底景区内的黄鹿山乡津西村白龙庙旁发现一棵在中原少见的硅化木，呈黑红色，直径有1米，裸露出地面部分高2.5米。

新疆东部的伊吾县，在北边一百余千米的淖毛湖戈壁滩上发现两株巨大硅化木。距今至少有1.5亿年，树根、树干、树皮、树枝保存完整。一株长达17米直径1.05米，另一株长11.5米，小头直径1.15米。

木化石的一般评价原则是：玉化程度越高越有价值。色彩以红

图6-23

色、蓝色、绿色和黄色为最好,颜色纯正。形状以镂空状、象形状、山形状或长圆柱形为上等品。如果木化石含有树虫、树节、树结、年轮或含有玛瑙的同心层状结构为最佳。作者曾收藏了一块高50厘米、宽18厘米、厚16厘米,外形呈柱状的硅化木(图6-23)。树干上树皮逼真,且有明显的树结,内部全部红玛瑙化,且可见小的玛瑙的小晶洞。具有很高的观赏和收藏价值。

(五)琥珀

琥珀是第三纪松柏科植物的树脂,经地质作用掩埋到地下,树脂经石化而成,常产于煤层中。琥珀大部分产于晚古生代石炭纪至中生代白垩纪和新生代第三纪、距今约3~0.2亿年前的黏土层、砂层或煤层中。一般来自地层中的称为"琥珀",来自煤层中的称为"煤珀"。在波罗的海沿岸,含琥珀煤层被海水冲蚀,琥珀就悬浮在沿岸的海水中。琥珀的形态多呈饼状、肾状、瘤状及拉长的水滴状(图6-24)。琥珀是碳氢化合物,化学成分为$C_{10}H_{16}O$。其中,碳79%,氢10.5%,氧10.5%,有时含少量的硫化氢。密度1.1~1.16克/厘米^3。加热到150℃软化,250℃~300℃熔融燃烧。摩氏硬度2~3。非晶质体。油脂光泽,透明至半透明,性脆,贝壳状断口,折射率1.539~1.545,颜色多呈黄色、橙黄色、褐黄色或暗红色。最珍贵的是含昆虫的

图6-24 琥珀

琥珀,依昆虫的清晰程度、形态大小和数量而决定其经济价值。

琥珀是自古至今的传统饰料。战国墓中就出土有琥珀珠。汉代以后,琥珀制品更是多见。唐朝韦应物在《咏琥珀》诗中对琥珀的性

质做了高度的概括：曾为老获神,本是寒松液,炊纳落其中,千年犹可赖。

琥珀一直是人们收藏、馈赠之佳品。随着我国市场经济的发展和人们生活水平的日益提高,近年来,琥珀已成为收藏市场上的宠物和热门货。因其具有浑然天成的古朴庄重之美,又蕴涵着人们认识大自然的卓越智慧,其科学研究价值和经济价格越来越高。同时琥珀又为佛教七宝之一,深受人们的喜爱、收藏和佩带。

琥珀属有机物,怕热、怕曝晒,过分干燥易产生裂纹,琥珀制品不宜放在阳光直接照射的地方。琥珀易溶于有机溶剂,如指甲油、酒精、汽油、煤油、重液中,因此在一般情况下,尽量不要与上述溶剂相接触。

著名的琥珀产地包括欧洲波罗的海沿岸地区和多米尼亚。波罗的海琥珀呈各种黄色,有白黄色和褐黄色。有的透明,有的含弥漫状圆形气泡。丹麦是世界上第一个发现琥珀的国家现今发现的最大琥珀矿产在俄罗斯。

我国琥珀的主要产地有辽宁省的抚顺和河南西峡等地,其中以辽宁抚顺市露天煤矿的琥珀产量最高,为琥珀中的上品。抚顺琥珀为黄至金黄色,其中常包有昆虫,清晰美观、十分珍贵,具有很高的观赏价值。主要产于新生代早期第三纪地层中,伴煤精产出。

二、棘皮动物类

棘皮动物的身体由定数或不定数钙质骨板组成球形、梨形、心形或星形的壳体。棘皮动物壳体的骨板是由中胚层产生的内骨骼,不同于其他无脊椎动物的外骨骼。骨板由显示独特的网格状结构的方解石组成,在成岩作用后一般仍可辨认。骨板含有 $3\%\sim15\%$ 碳酸镁,其含量随水温增加而增高。骨板外面附以坚韧的肉质皮膜,骨板和皮膜上均具有棘刺或突瘤,这便是棘皮动物名称的由来。内脏器官包藏在壳体内部。壳体有口孔、肛孔等开口。

棘皮动物绝大多数生活在盐度正常的海水(少数如海参生活在

半咸水)中,多营底栖生活,固着、移游或埋栖。现代海百合可自由游泳。棘皮动物的大小,有几毫米到大约20米。棘皮动物最早生活于早寒武世。化石主要包括海百合和海林檎。

(一)海百合

我国南沙群岛附近生活着一种被人们称为"活化石"的生物,叫海百合。海百合不是植物,而是海生有柄棘皮动物的典型代表,外形如百合花而得名。海百合喜欢清澈的海水,多在海底群居。身体分为茎、萼、腕三部分,海百合的茎由无数细小的五边形骨板连接包裹起来,基底有时生根,用以固着于海底。茎的顶端为萼,形似花萼(图6-25)(张家志等,1994)。萼上长有许多具有羽枝的腕,是用来捕食的网子。

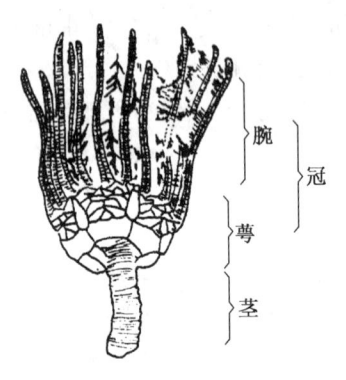

图6-25 海百合

海百合最早出现在距今4.4～5亿年前的奥陶纪,距今约3亿年前的石炭纪达到顶峰时期。含海百合化石十分丰富的灰岩被地质学家称为海百合茎灰岩,南沙群岛附近一些当地的居民,开采出这些岩石,磨制成各种各样的工艺品,美其名曰"百合玉",深受人们的喜欢。

近年来我国黔西关岭地区上三叠统瓦窑组中发现了大量保存完好的海百合化石。这一发现提供了不可多得的化石资源,不仅能够进一步认识海百合的形态结构和系统演化,还能为古环境的恢复提供古生物学的依据。

关岭海生动物化石群位于贵州西南部,紧邻世界第三大瀑布黄果树瀑布风景区。动物群产于晚三叠纪地层中,距今约2.2亿年,其中的海生爬行动物种类丰富,保存完好,举世罕见,海生爬行动物与棘皮动物海百合共生,百合茎腕分明,精美纤秀,连成片犹如"海底森林";脊椎动物鱼,大小各异,游态不同,眼唇大圆,鳞尾欲动;无脊椎动物菊石、牙形石和办鳃等,数量极为丰富。它们共同构成美妙的古海域深水动物生态系统。

(二)多房海林檎

多房海林檎属海林檎纲,孔菱目的一属因其体形似林檎(沙果或花红)而得名。具冠、茎、根三部分。口孔位于腹面近中央,肛孔位于口的下方,萼板具孔菱,水孔排成菱形(图6-26)。时代为奥陶纪至泥盆纪。化石主要产于云南施甸上志留统泥岩或泥灰岩中,贵州、陕西的奥陶纪地层中也有产出。以云南保山所产的海林檎保存最为完整。

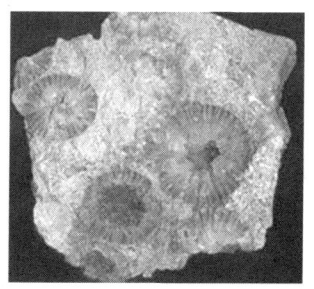

图6-26 多房海林檎

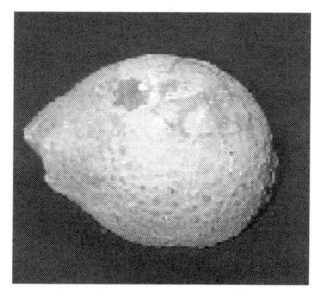

图6-27 椭圆海林檎

(三)椭圆海林檎

椭圆海林檎属棘皮动物门,海林檎纲,双孔目的一属。萼形状为卵形(图6-27),萼板上有两个萼孔。腕茎均不发育,有的完全缺失。形成时代为奥陶纪全泥盆纪,以奥陶纪、志留纪最繁盛,主要产于云南、贵州和陕西等地的奥陶纪地层中。

第七节 鱼类化石

鱼类最早从寒武纪晚期开始出现,经历了约5亿年的进化发展。泥盆纪的中、晚期是鱼类的繁盛时期。鱼类化石观赏石的主要品种有:

一、狼鳍鱼

狼鳍鱼属硬骨鱼亚纲。体形较小,呈近似纺锤状,长 5～12 厘米,一般 10 厘米左右,头长度与体高相近,约为全身长的 1/5～1/7 (图 6-28)尾正型,末端尾椎骨向上扬。属淡水鱼类。形成时代为晚侏罗纪,距今已有 1.4 亿年。主产辽宁、山东、河北等省的上侏罗统浅色页岩中;下白垩统下部亦产。常为多条鱼成群保存在同一薄板状页岩中,当条数不多,鱼形体态自然,排列有序,且结构清晰逼真,化石与基底颜色色差越大者差强则为上品,在上品中,化石上下剥开的正模与负模均同时保存,对称地摆放成对者为珍品。

图 6-28 狼鳍鱼化石

我国狼鳍鱼主要产自北方和西北地区的辽宁、内蒙、河北、山东、甘肃等省区的上侏罗纪湖泊相岩石中。辽宁朝阳的狼鳍鱼化石作为国家重点保护文物,是世界上科学研究价值最高、化石保存最为精美的辽宁西部化石宝库中的精品,化石形态完整、逼真,也是化石观赏石中的珍品。

二、江汉鱼化石

(一)江汉鱼的一般特征

江汉鱼属于硬骨鱼纲,鲤形目。江汉鱼头小,体形肥宽且短,成熟期鱼身长 10～15 厘米,形态侧扁,纺锤形类似现代的鲫鱼。背鳍高,其余胸鳍、腹鳍、臀鳍保存完整,尾鳍鳍深叉裂明显、尾正型对称,保留特别完整各鳍无棘刺(图 6-29)。

江汉鱼化石特征:可以清楚地看到脊椎、肋骨、鳞片、细刺,细刺最粗段约 1.5～2 毫米,顶骨小,额骨具发达的侧脊,口端位,口裂小,前上额骨呈现三角形等特征。

鱼鳞鳞片较大,保留完整呈近圆形、蒲扇形江汉鱼骨质绝大部分磷酸盐化,因而骨质脆而硬,部分有方解石交代、充填。骨质呈褐、浅褐、深褐色半透明—微透明状。

图6-29 江汉鱼化石

形成的地质时代为第三纪。主要产于湖北省松滋、当阳、宜都县一带。

(二) 江汉鱼附存岩石特征

江汉鱼附存于浅灰-灰黄-深灰色薄层状钙质黏土页岩中,该页岩夹有浅黄白色水云母黏土页岩。层厚0.5～3毫米,层理清晰,浅黄白色水云母黏土页岩层厚0.5～1毫米,易沿层面剥离,因此容易获得完整的化石标本。

江汉鱼化石标本一种是正模化石标本,保存有江汉鱼骨骼及下侧的鱼鳞;另一种是岩石沿层面剥开后,仅保留另一侧鱼鳞及少量骨骼,为负模化石标本。一般而言,江汉鱼化石的颜色与赋存的页岩的颜色反差较大,鱼化石完整清晰,个体较大者为上品,如果正模化石与负模化石同时存在,且上下剥开后成对保存,左右对称摆放者则属珍品。化石标本骨骼清晰、保留完整的长度为10～15厘米的单条江汉鱼化石,或大小不一的江汉鱼群具有很高的观赏价值。

图6-30 中华弓鳍鱼

三、中华弓鳍鱼

中华弓鳍鱼是中华弓鳍鱼属的一个新种。体长27厘米,高5.4厘米(图6-30)。产于早白垩世地层中。中华弓鳍鱼是1983年在江西弋阳石溪组中发现的。

四、北票鲟

北票鲟属软骨硬鳞鱼类,鲟鱼目的一属。鲟类的口下部有较圆钝的吻突,颌骨无牙齿,鱼体几乎全部裸露无鳞,仅有一行小的侧线鳞。北票鲟体小,长约 20 厘米,呈梭形(图 6-31)。头略低平,尾全歪形。北票鲟以完整、保存形态优美、与围岩色差大者为好,形成时代为侏罗纪至早白垩纪,距今约 1.8～1.3 亿年,主要产于辽宁北票地区侏罗纪地层中,此外,我国的河北丰宁于 1983 年也发现了类似北票鲟的化石,命名为丰宁北票鲟。

图 6-31 北票鲟

五、永康鱼

永康鱼绝大多数呈纺锤形,左右对称,形似现代淡水中的鲫鱼,体态较小,体长最大 10 厘米左右,体表披鳞,体分为头、躯干、尾三个部分(图 6-32)。最早出现于志留纪晚期,除部分已灭绝外,现代极为繁盛。因产于浙江永康而得名。产于灰黄色页岩中,形态各异。化石清晰完整,大多鱼刺、鱼脊椎骨保存完整,个体较大者观赏和收藏价值较高。

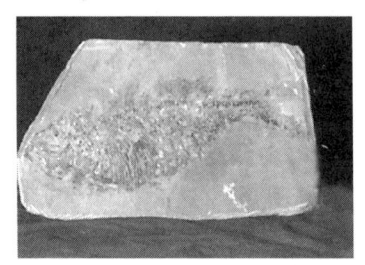

图 6-32 永康鱼

六、多鳃鱼

属华南鱼科多鳃鱼目,多鳃鱼背甲呈前容后宽的三角形,吻端具狭长的吻突,后侧角延长为发育的胸角,胸角呈翼状,胸角末端与背棘末端大致在一水平线上。头甲背缘中央向后突伸为背棘,其两侧向内凹进。洞穿背甲的口孔近圆形。眼孔极近背甲边缘而洞穿背甲松果孔甚小。每侧有各自独立的外鳃孔 11 个。主侧沟前部近眼孔处分属于眶下沟。眶上沟呈 V 字形(图 6-33)(据张家志等,1994)。主侧沟尚有 4～5 对横枝。甲片表面具星状突起斑纹。产于晚志留世至早泥盆世地层中。多鳃鱼类就目前所知是我国特有的一类无颌类化石,最初发现于云南曲靖早泥盆世地层中。形态完美的化石罕见,观赏和收藏价值极高。

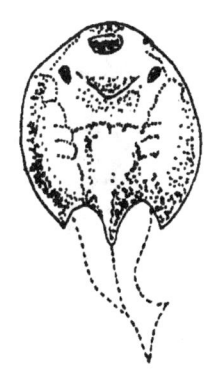

图 6-33 多鳃鱼

第八节 牙形石、笔石、遗迹化石

一、牙形石

牙形石是一类已经绝灭的海生动物的骨骼或器官所形成的微小化石,外形很像某些鱼类的牙齿或环节动物的颚器,故名牙形石。牙形石个体微小,一般为 0.3～2.0 毫米。形态多样(图 6-34),或简单,或复杂,主要由薄片状的磷酸钙组成,多呈灰色、琥珀色或黑色,透明或不透明。

牙形石虽个体微小,但数量众多,特征明显,演化迅速,始于寒武纪,止于三叠纪,广泛分布于世界各地的海相沉积中,是重要的微体化石之一。

牙形石形似牙齿,种类繁多,形态多变,分类方法各异。前人按其形态和生长模式,将其分为:单锥型(the cone)、复合型(the compound)和台型(the platform)三种:

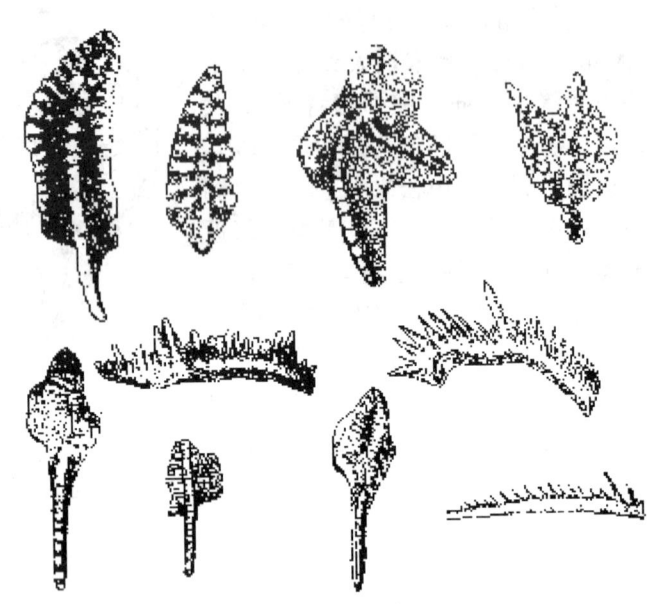

图 6-34 牙形石化石

（一）单锥型

单锥型形态简单，如尖锥，两侧对称，前端尖棱，后端膨大，包围大小不同、深浅不同的穴，表面光滑，或有齿脊、肋、线等修饰。

（二）复合型

复合型由简单牙形石前后口缘生细齿发育而来，由主齿和细齿之分。主齿较大，细齿分离，密集。按其形态可分为耙形和片形，前者如耙，后者如片。

（三）台型

台型由复合型演化而来，多有宽平的齿台和片状齿片，台形状各异，台面构造复杂，正面有齿脊、肋脊、横脊、瘤齿等，反面有基腔、龙脊等。

1973年北京大学地质学系安太庠教授开始了对牙形石的研究。开辟了我国古生物研究中新的研究领域，自从那时起，北京大学涌现了一大批对牙形石研究颇有造诣的研究人才,他们对牙形石的研究作出了重要贡献,享誉国内外。

二、笔石

笔石动物是一类绝灭了的海生群体动物,笔石的骨骼即为笔石虫体所分泌的几丁质经炭化后留下的一层炭质薄膜。笔石体一般大小为几厘米或几十厘米,较大的可达 70 厘米或更长(图 6-35)。笔石化石常呈炭质薄膜保存,形态很像用笔在岩石上留下的象形文字的痕迹,故而称其为"笔石"。

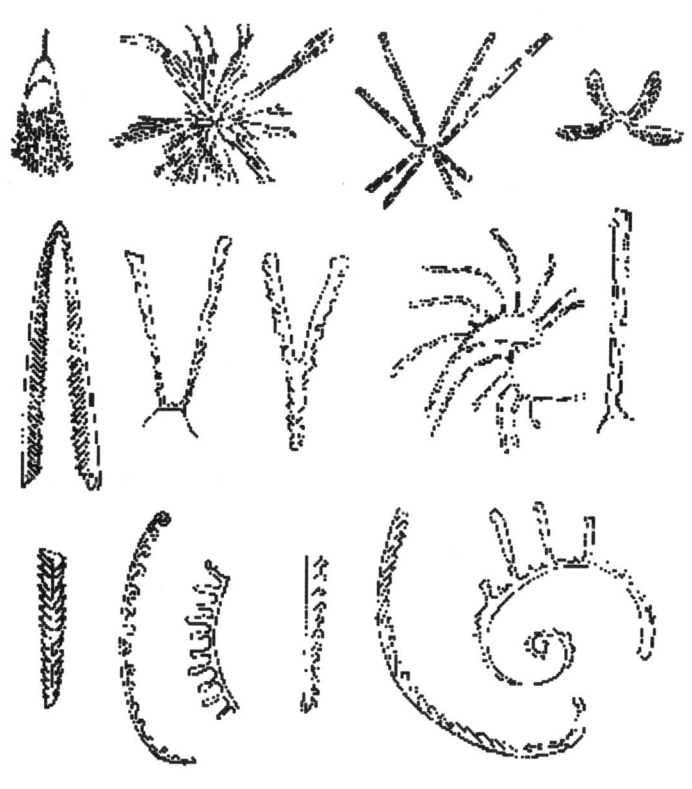

图 6-35 笔石化石

笔石化石中具有较高观赏价值的品种有：

（一）劳氏笔石

劳氏笔石属正笔石目、无轴亚目的一属。笔石体水平伸展，由一枝或多枝组成，胞管为直管状，无中轴，出现在早奥陶世，分布于世界各地。我国劳氏笔石主要产于浙江江山下奥陶统地层中。

（二）腔笔石

腔笔石呈皮壳状树形群体，正胞管的末端和始端形态各异，始端膨大呈气球状，称为腔部，末端具细长、竖立的颈部。出现于早奥陶世早期。

（三）树形笔石

树形笔石胞管有正胞管、副胞管和茎胞管三种，具发育的茎系。笔石枝分枝规则或不规则。笔石枝一般数目较多。表皮组织较厚，可侧向延伸成横杷，将相邻笔石枝连接起来。笔石枝还可波状弯曲，使相邻笔石枝相互连接，构成卵圆形网眼，名为绞结。出现于中寒武世至早石炭世。

与树形笔石在形态上易于混淆的是一种所谓的"树枝石"或"模树石"。人们经常在岩石的裂隙面、节理面发现一些与生物无关的物体或构造，样子十分像植物化石，如同苔藓、金鱼藻、松枝、水草，古生物学上称之为假化石，用放大镜和显微镜看不到叶脉及其他构造，当然也不可能定出种类及时代。最常见的假化石是"模树石"，多为含铁锰的地下水溶液沿岩石裂隙渗透，形成像苔藓、藻类印痕的锰氧化物薄膜。

假化石"模树石"早在我国古代史籍就有记载。宋代赵希鹄的《洞天清录》载，"蜀中有石，解开自然有小松形。"元末杨王禹的《山居新话》也有记载，"至正七年（1347年），社稷署太祝张从善尝预营寿堂（坟墓），解石板为穴门，石中忽有纹成松，虽绘画者不如也。"

三、遗迹化石

遗迹化石是指地质历史时期各类生物在生活活动过程中所遗留

下来的痕迹和遗物。生物留下的遗迹经过成岩作用(石化作用)形成坚硬的遗迹化石保存在沉积岩里。痕迹化石常见的有各种足迹、移迹、潜穴、钻孔等；遗物化石常见的有各种卵生生物的蛋、粪便等。最具观赏价值的遗迹化石有恐龙蛋、鸟蛋、恐龙足迹、三叶虫爬迹等。

(一) 恐龙蛋

恐龙类产的卵，因具有坚实的外壳，故可保存为化石。恐龙蛋大小不一，小的3厘米左右，大者长径达56厘米，形状通常为卵圆形，少数为长卵形或椭圆形，可成窝保存(图6-36)。

我国是产恐龙蛋的大国，无论在恐龙蛋的品种上，还是在数量上都是令世人瞩目的。河南南阳的西峡县在1993年发现了世界上最大的

图6-36 恐龙蛋化石

恐怖蛋化石群，仅已出土的恐龙蛋多达5 000多枚，并且在西峡建立了中国恐龙蛋化石博物馆，其次广东南雄、始兴、惠州、河源、江西信丰、赣州，山东莱阳，四川，内蒙，江苏宜兴，湖北安陆等也是重要的恐龙蛋产地。

恐龙蛋最珍贵的品种是含胚胎的恐龙蛋。目前，在我国的广东南雄、江西赣州、内蒙二连、河南南阳均有发现。

(二) 角叉菜

角叉菜属进食遗迹科。俗名遗迹化石。其微小的洞穴表面与植物的根相似，它由中心体管构成，从中心体管的基部辐射出众多的细小分枝。形成这种洞穴的动物最有可能是一种线虫时蠕虫(蛔虫)。角叉菜发现于海洋沉积中，尤其是在缺氧条件下形成的沉积中十分常见。形成时代为三叠纪至全新世。

(三) 二叶石

亦称为二叶迹，居住遗迹科，是典型的三叶虫的痕迹化石。遗迹有一个双裂片结构并有中心槽硬化的双槽填充物，是从海底挖掘出

的遗迹化石。裂片上的擦痕由挖掘有机体的腿形成,这有机体通常是三叶虫。常见类型为栖息迹和爬行迹。形成时代为寒武纪—全新世。二叶石在古新世时期的海洋沉积中最为常见,我国主要见于滇东下奥陶统紫红色砂岩层中,大小似手掌,分左右对称的两叶,广西中、下泥盆统紫红色砂岩中亦为常见。

（四）鸵鸟蛋

鸵鸟的卵化石,我国北方更新统中常有产出,分布很广,安徽等地也有发现。尤以产于更新世黄土中的安氏鸵鸟蛋最为常见,蛋化石呈椭圆形,长径16.7～19.7厘米,短径13.5～15.5厘米,蛋壳厚2～2.6毫米,多为浅黄色,壳面光滑,或因溶蚀而呈粗糙状。有时能与蛋化石一起发现鸵鸟的骨骼化石。

（五）鸡头龙的皮肤化石

鸡头龙的皮肤化石与鳄类以及蜥蜴类相似,身皮上布满小疙瘩,皮又粗又厚。鸡头龙的皮肤化石是在加拿大白垩纪的地层中发现的,化石大小为25厘米×40厘米,是非常珍贵的恐龙的遗迹化石,具有很高的观赏价值和收藏价值。它能使我们联想到遥远的恐龙时代的恐龙真正皮肤形貌特征。

（六）恐龙的足迹

指保留于沉积岩层面上的恐龙足印遗迹化石。据之可以判断恐龙的个体大小、四肢类型、行动方式等。可以是单独的足印化石,也可以是连续的有方向性的足迹（或称行迹）。

目前,世界上最多的恐龙足迹是1982年在南朝鲜发现的,其中最大的长120厘米,宽64厘米,这是一种称为腕龙的超大型恐龙足迹。从庞大的足迹推断,腕龙的体长大约是30～35米,体重为70～100吨。有的恐龙足印上还清晰地保留龙足皮肤的似鳞状纹饰,此为稀世珍品。

我国自杨钟健教授1941年在四川广元第一次发现恐龙足迹以来,国内发现恐龙足迹的产地逐年增加,分布于四川、云南、陕西、河南、广东、辽宁等地。如陕西神木县东山崖上上保罗统的爬行类含龙足迹,三趾形状,长约 30 厘米,宽约 33 厘米,中趾长 19 厘米,保存完好。

第九节　鸟类化石、中华龙鸟化石

一、鸟类化石

鸟类是脊椎动物中最繁盛,分布最广的一类。鸟类的演化经历了漫长的时间,最早发现的侏罗纪始祖鸟化石是 1862 年在德国的巴伐利亚石灰岩层中,先后共发现八块。近年在我国辽西北票地区热河生物群中也发现了十块始祖鸟化石,定名为"神州始祖鸟"。

同时也发现了非常珍贵的中国鸟、朝阳鸟、华夏鸟、孔子鸟、辽宁鸟等。

(一)有尾华夏鸟

"华夏",中国的别称。"有尾"即是指这一小鸟化石还没有愈合成尾椎骨形成的短尾,是以其形态特征命名。个体完整。属小型华夏鸟,它的额骨和顶骨之间有一横沟相间,下颌齿至少 3 对,胸骨有较发达的胸骨柄,尾椎骨尚未愈合,而是形成一较短的尾巴(图 6-37)。形成时代为白垩世早期。发现于中国辽宁省朝阳县。

图 6-37　有尾华夏鸟

(二)孔子鸟

孔子鸟不仅是世界上已知最早有喙的鸟类,而且是一个既特殊又十分原始的古鸟(图 6-38)。孔子鸟能攀援树木,也具有飞行能力。此外,孔子鸟的另外一点显著特征是骨质的尾椎已经愈合为一根较短的尾综骨。

孔子鸟的形成时代为白垩世早期。目前已经发现了成百上千件保存精美的化石标本。在这些大多数的标本中,鸟化石骨骼结构十分完整,甚至身上的羽毛印痕清晰可见,在有些标本上,雌雄个体相伴而生。雄性个体具有一对很长的尾羽,而雌性的个体则含有一对短得多的尾羽。如此众多的化石标本和完整的保存,对于鸟类化石来说,具有极高的观赏和收藏价值。孔子鸟发现于中国辽宁省北票市白垩纪时期的沉积地层中。

图6-38 孔子鸟　　　　图6-39 辽宁鸟

（三）辽宁鸟

发现于辽宁省的具有发育的胸骨龙骨突的辽宁鸟,具有真正的飞行能力。辽宁鸟代表了迄今为止最早的现代鸟类,飞行能力良好(图6-39)。形成时代为白垩世早期。发现于中国辽宁省北票市。2007年10月在辽宁省朝阳市新建了一座辽宁鸟化石国家地质公园,其中陈列有辽宁北票地区所发现的珍贵的中华龙鸟、原始祖鸟、孔子鸟和辽宁鸟等化石,是世界上唯一一个以鸟化石命名的专业性地质公园。

（四）朝阳鸟

朝阳鸟的一个主要特征是胸廓中发现了钩突结构颈椎间的关节连接紧密,类似始祖鸟和孔子鸟(图6-40)。胸椎椎体明显加长,神经脊也明显增高,但彼此并不愈合,所以虽然朝阳鸟属于现代鸟类但仍保留了许多原始性状。

孔子鸟比始祖鸟要进步得多,已经有了角质喙,飞行能力也比始祖鸟要强得多。更进步的是朝阳鸟和辽宁鸟,被认为是现在鸟类的直接祖先。

图 6-40　朝阳鸟

朝阳鸟形成时代为白垩世早期。发现于中国辽宁省朝阳市。

二、中华龙鸟化石

"中华龙鸟"的正型标本是当地农民李荫方先生在 1996 年发掘出来的,出土地点是辽宁省北票市上园镇四合屯义县组下部晚侏罗世地层的凝灰质粉砂岩和页岩中。

中华龙鸟化石的大小和形态像一只雄鸡在报晓——高昂着头、尾巴翘起(图 6-41)。其体型大小类似,嘴里有如锯齿般的锐利牙齿,相对较长的尾巴,由 50 多个节尾锥组成。前肢相对短小,手有三

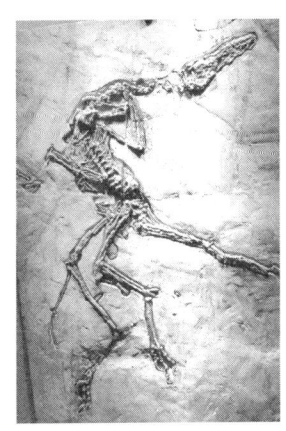

图 6-41　中华龙鸟

指,后肢长而粗壮。它的头很大,上下颌长满带有小锯齿的尖牙;前肢非常短小,尾巴非常长。

如今在"龙鸟故乡"美誉的辽宁北票市,已建立了国家级北票鸟化石群自然保护区,该保护区已经成为中外驰名的科研和科普教育基地,吸引着越来越多的国内外化石收藏者和爱好者。

复 习 题

一、名词解释

1. 化石 2. 化石观赏石 3. 叠层石 4. 硅化木 5. 三叶虫 6. 孔子鸟

二、简答题

1. 简述化石观赏石的形成条件。
2. 简述化石观赏石的保存类型。
3. 简述中生代生物进化的一般特点。
4. 简述王冠虫的特点。
5. 简述狼鳍鱼的一般特征。
6. 简述我国恐龙蛋的产地及其特点。
7. 简述我国硅化木的产地及其特点。

三、思考题

1. 化石观赏石分类类型。
2. 化石观赏石评价的一般原则。
3. 我国辽西地区热河生物群中首次发现的中华龙鸟的生物进化意义。
4. 江汉鱼的一般特征及其附存的岩石类型。

第七章 事件石

本章提要

本章主要介绍了事件石的概念和事件石的主要类型、陨石的概念及其分类、火山弹以及世界和我国主要的活火山的近况。除此之外,还介绍了世界及我国历史上著名的陨石名称、数次陨石雨降落的时间、地点以及降落当时的情景。同时介绍了在我国雷州半岛发现的黑色、深棕色的玻璃陨石——"雷公墨"的特征及矿物组成。

第一节 概　　述

事件石是指外星物质坠落、火山、地震等重大事件遗留下来的石体,或某历史事件中有特殊意义的石体。主要包括陨石和火山弹。

对事件石的观赏和收藏是最近几年才兴起的。美国曾设有收集、研究、销售事件石的专门公司。由于涉及与地球有关的重大事件,因此事件石较少。它不像前几章所讲到的造型石、纹理石和矿物晶体观赏石等那样普及。下面介绍两种重要的事件石即陨石和火山弹。

第二节 陨　　石

陨石是指从宇宙空间穿过地球大气层落到地面的天然固态物体(流星体),又称陨星。陨石在大气层中高速下降时受高温高压气流的冲击,有的陨石会发生爆裂,陨石碎块散落地面,这种现象称之为陨石雨。流星与大气分子相摩擦碰撞,使空气产生电离并加热到几百、几千甚至几万度,在高温气流作用下,流星体产生燃烧、发光、气化,由于流星体流动过程是逐渐燃烧,沿途留下空气电离的余迹,一部分残留下来,坠落到地表就成为陨石。陨石,又称"天外来客",它是地球之外的宇宙中的流星脱离轨道或破碎成碎块散落到地球上的石体,是人类直接认识太阳系演化的珍贵样品和窗口。

小流星、彗星撞击地球经常发生,据统计每昼夜有2 400万颗流星进入地球大气层。但大多数陨石坠入海洋及沙漠地带,被人们知晓和收集到的陨石非常之少,寥寥无几,粗略统计每年约有500颗陨石撞入地球能找到的仅20颗,因此显得稀有、珍贵。这些"天外来客"具有十分重要的研究价值,同时由于形态奇特和来源于宇宙,具有神秘感,因此成为人们的收藏和观赏之物,陨石成为观赏石的又一个重要门类。1990年4月,在北京天文馆举办了首届以陨石为主题的观赏石大联展,展出了全国19个省市近50次陨石事件遗留下来的陨石。

按国际惯例,陨石是以其距降落点最近的邮局、地貌特征或者是降落或发现地点的村庄命名的,只要给出当地的经、纬度,其位置就不难在小比例尺的区域地图上找到。从广义来说,陨石的传统分类是按它们所含金属和硅酸盐的相对含量,结合内部结构来划分的,一般将陨石分为三大类,即铁陨石、石铁陨石及石陨石。再根据出现矿物的不同,再进一步细分出不同的类型。邹进福等(1994)将陨石划分为以下三种类型,并详细描述了每种陨石的特点,现罗列如下:

(一)铁陨石(陨铁)

铁陨石也称陨铁。主要由80%～95%的金属铁和5%～20%的镍组成,含有少量碳化物、硫化物和磷化物。铁陨石密度大,一般为8.0～8.5克/厘米^3。铁陨石约占陨石总数的3.2%,故价值较高。

铁陨石细分为方陨铁、八面石、贫镍角砾斑杂岩、富镍角砾斑杂岩四种类型。它们在成分上是过渡的,可以由同一种铁-镍熔体缓慢冷却形成。

铁陨石结构上也有不同,如方陨铁在光面上具有平行条纹(牛曼条纹),八面石的光面上是交错条纹(韦氏条纹)。大小的圆坑叫做气印。形状各异的沟槽,叫做熔沟。铁陨石的切面与纯铁一样光亮,表面经酸蚀处理后,铁呈现受高温后骤冷却所形成的特殊的结晶形态。

世界上已知最大的铁陨石是1920年在非洲纳米比亚南部霍巴(Hoba)发现的,称为"霍巴铁陨石",长2.75米,宽2.43米,重约60吨。由于部分已风化,估计该陨石在降落时的重量可能达100吨,因其太重,交通又不便利,至今仍留在原地。现陈列于美国纽约海登天文台名叫"帐篷"的铁陨石,发现于格陵兰梅尔维尔湾约克角附近,重达33吨,属世界第二。

世界第三号铁陨石发现于我国新疆青河县,长242米,宽1.85米,高1.37米,重约30吨,现存放在乌鲁木齐市新疆维吾尔自治区展览馆的后院。这块稀世大陨铁,何时降落在地球之上,已无从考究。早在19世纪末,当地群众即已发现,1917年开始载入文献,1965年运至乌鲁木齐。这块陨铁含Fe 88.67%,Ni 9.27%,还有微量的Co、Cr、P、Sb、S、Cu等。由于陨铁表层有几个地方尚能裸露出陨铁内部银灰色的光泽,再加上陨铁上端有两处相对隆起,乍看起来犹如骆驼的脊背,当地群众称之为"银骆驼"。

(二) 石陨石(陨石)

石陨石密度约为3.0~3.5克/厘米^3。由硅酸盐矿物,如橄榄石、辉石和少量斜长石组成,此外尚含有少量金属铁(图7-1)。该类陨石约占陨石总量的95.6%,商业价值较低。

1976年3月8日下午三时许,在吉林市郊降落了一场特大陨石雨,降落范围包括金珠、孤店子、大屯、九站四个乡和永吉县、蛟河县部分地区。其中"吉

图7-1 石陨石

林陨石一号"重达1 770千克,是世界上最大的石陨石。吉林陨石属石陨石,属于橄榄石—古铜辉石球粒陨石。

美国在1948年2月28日,发现一颗名为"诺顿"的陨石,重1 079千克,号称世界最大的陨石。而我国吉林1号陨石重1 770千克,体积为117厘米×93厘米×84厘米。吉林陨石从而成为"世界陨石之最"。

随着"吉林一号"陨石落地,落点附近翻滚着升起一股黄色的蘑菇状烟云,高约50米。浓烟散尽,地面出现一个直径2米、深6.5米的陨石坑。陨石撞击地面,溅起的碎土块最远达150米,造成的震动相当于1.7级地震。

吉林陨石雨散落标本均由吉林市博物馆收藏,"吉林陨石一号"为国家一级藏品。为了能把吉林陨石雨这一称最世界的自然奇观再现在世人面前,让人们更好地了解吉林陨石,1999年1月28日,国家邮政局最终批准了《吉林陨石雨》邮票的选题,并于2003年正式发行。

我国山西省灵石县的铁陨石是全国第二大铁陨石,此石出露地面部分高1.6米,底部直径1.5米,顶宽1.33米,据测算仅地上部分重达6.8吨,现陈列于该县城宾馆西侧的天石公园内。此石是隋文帝开皇十年北巡太原时所获,传说石上有"大道永吉"四个大字(今已不存)。文帝以为神物降临,遂于此置县,以石定名为"灵石县"。

玻璃陨石也是石陨石一种,系石英质的陨石,是陨石物质在进入大气层后熔融,坠地后又快速冷凝的产物,颜色有黑、墨绿、棕褐,表层具拉长状气泡及大小不等的圆形气泡,有的似如月球表面的环形山状图案,密度为2.38克/厘米^3(见图7-2)。

纽扣状玻璃陨石是玻璃陨石的典型形貌,以产于澳大利亚南部著称。纽扣状中央凸起,边缘呈圆形,大小一般在2厘米,纽扣状的形成,一般认为初始阶段是一圆形球体,在大气中高速运动,与大气分子撞击、摩擦、熔融,熔融流体向背面积淀形成扁圆纽扣状。

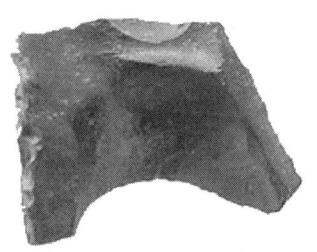

图7-2 玻璃陨石

玻璃陨石的表面结构有各种形态擦痕如沟槽、凹坑、麻点、流动条纹、条带、塑性半折断状,球粒结构也十分普遍,外表成卵形堆积,内部结构单一,由非晶质玻璃体组成。化学成分 SiO_2 50%～98%,一般为70%～80%。

在中国雷州半岛的旷野上,每当雷电交加,大地经过倾盆大雨的冲刷。雨过天晴后,空气清新,在地面上总能捡到一些黑色、深棕色的玻璃状物质,那就是"雷公墨",是玻璃陨石一种。块度大小不等,由几厘米至十几厘米,形态如哑铃状、水滴状、圆饼状、薄管状、纽扣状、蚕状、核桃壳状,表面却密集分布着各种圆形、椭圆形、拉长形气泡,没有玻璃光泽感。

(三)石铁陨石

石铁陨石在陨石中约占2%,为铁、镍金属和硅酸盐矿物的混合物,含 MgO、Ca、Al、Cu、Na、Mn,铁、镍金属呈海绵状分布于硅酸盐矿物晶粒间,是铁陨石和石陨石之间的过渡类型,密度约5.6～6克/厘米^3。石铁陨石仅占已知陨石的2%左右,故其商业价值最高。

最近在我国青海省长江源头地区发现了一块石铁陨石。该陨石长67厘米,宽51厘米,最厚处达37厘米,重约150余千克。颜色呈深黑色,表面凸凹不平,呈燃烧气孔状,似烧焦后的煤炭,又像炼钢后的渣块,质地坚硬,敲击会发出金属般声音。经青海西部矿业有限责任公司质检中心采样分析,该陨石含铅7.65%,锑0.66%,铜1.45%,铁8.22%,锌2.79%,砷0.22%。

著名的石铁陨石发现于山东省莒南县铁牛庙村,当地居民称之为"铁牛",其长 1.40 米,宽 0.80 米,厚 0.45～0.80 米,体积约 0.6 平方米,密度 6.2 克/厘米^3,重达 3.72 吨,居世界之首。1985 年,经南京大学和南京地矿所鉴,命名为"莒南铁牛石铁陨石"。"铁牛"的表面结构呈粗糙麻面,见有分布密度不均匀的气孔,直径一般 1～2 厘米,最大者达 10 厘米。该陨石主要成分为 Fe(占 70％以上),其次为 Sb、Al、Ni 等,另有少量的 Cr、P、S、C。主要矿物成分为锥纹石、镍纹石、斜顽辉石和石英等,次要矿物为陨硫铁、陨磷铁镍矿、铬铁矿、石墨和磁铁矿等。

第三节 火 山 弹

火山弹是火山喷发的碎屑产物之一,它由抛到空中的塑性熔浆团在空中飞行、旋转、冷凝而成,其形状有纺锤状、椭球状和麻花状,内部常呈多孔状或气泡状,外壳多为玻璃质。一般直径大于 64 毫米,堆积于火山口附近及火山锥斜坡上。它们在新生代火山岩区常保存较好,如我国黑龙江省五大连池,就保存有各种形态的火山弹。

图 7-3 火 山 弹

一般来说,以某次著名火山,尤其有时间、地点、喷发情景等记载内容的喷发遗留下来的火山弹最有研究、收藏价值。其次是具有一定造型的,如人物、动物、风景等形状的火山弹。我国北至黑龙江,南至海南岛均有新生代火山群分布。

火山爆发是大自然中的奇观之一。火山出现的历史很悠久。有些火山在人类有史以前就喷发过,但现在已不再活动,这样的火山称之为"死火山";不过也有的"死火山"随着地壳的变动会突然喷发,人们称之为"休眠火山";人类有史以来,时有喷发的火山,称为"活火山"。

不少火山在强烈的爆发结束后,喷气活动还能维持很久,喷出的气体中含有大量的水汽,还有碳酸气、气态的盐酸、亚硫酸、氟酸等酸类,以及气态的硫磺、硫化砷等物质。它们之中有的有强烈的腐蚀性,有的甚至有剧毒。1993年1月14日,一批在哥伦比亚南部城市帕斯托参加火山学术讨论会的科学家,登上附近海拔4 276米的加勒拉斯火山,并下到火山口侧边采集样品和观察,这个火山在上一次爆发后,已休眠了3年多,但是正在科学家们观察的时候,突然喷起一股烟柱,有6位科学家当场死亡,8人受伤。这次事故是火山考察史上遇难人数最多的一次。

地球上已知的"死火山"约有2 000座。已发现的"活火山"共有523座,其中陆地上有455座,海底火山有68座。在已知的500多座活火山中,有300多座分布在环太平洋一带,因此这一带被称为地球的"火环"。

我国火山很少,因而火山活动极为罕见。1951年新疆火山的活动,是19世纪以来仅有的一次。位于南昆仑山中部的火山,爆发时浓烟滚滚,火光冲天,岩块飞腾,轰鸣如雷,整整持续了好几个昼夜,堆起了一座145米高的锥状体。

我国著名的火山主要有长白山火山、大同火山、五大连池火山、云南腾冲火山等。闻名遐迩的长白山天池就是火山作用停止后,火山口内接受大气降水和地下水的不断补给,逐渐蓄水成湖而形成的火山口湖。大同火山的喷出物,千姿百态,火山弹、火山块、浮石、火山砾、火山豆和火山灰,应有尽有,观赏价值很高。据专家勘查考证,确认大同火山活动在十多万年以前的旧石器时代,属于死火山类型。五大连池火山形态各异,景观壮丽,风光奇特,素有"火山博物馆"之称。五大连池火山群是我国第一个火山群自然保护区。

世界著名火山有意大利维苏威火山和美国夏威夷群岛火山等。维苏威火山海拔1 277米,位于意大利坎帕尼亚的西海岸,世界上最大的火山观测点就设在此处。夏威夷群岛上基拉韦厄火山的山顶有一个巨大的破火山口,在破火山口的西南侧有一翻腾着炽热熔浆的火山口,其中的熔浆,有时向上喷射,形成喷泉,有时溢出火山口外,形如瀑布,蔚为壮观。

复 习 题

一、名词解释

1. 事件石　2. 陨石　3. 雷公墨　4. 火山弹

二、简答题

1. 简述陨石的成分、结构及其分类。
2. 简述火山弹依形态的分类。

三、思考题

1. 陨石依陨落状况的分类。
2. 我国历史上著名的几次陨石雨降落的时间和地点。
3. 世界及我国较著名的火山及其现状。

第八章 纪 念 石

本章提要

本章主要介绍了纪念石的概念以及纪念石的类型和主要品种。特别介绍了我国历史上著名的纪念石——败国石、青云片、青芝岫、青莲朵和聊斋三石等。同时介绍了这几种纪念石的"阅历"及其目前的保存状况。

第一节 概 述

纪念石是指现今为国家所有的,或历史名人雅士收藏过的石质品,包括具有特殊纪念意义和科学价值的石体。它不同于事件石之处在于:事件石强调的是历史事件,并且这些事件大多是由自然作用、客观原因等引起的。而纪念石是指与历史、事件、人物、活动有关的一类石头,强调的是人文色彩,它们不一定十分奇特美观,只是因为与人们的活动有密切关系,使之具很强的纪念性,或史料价值。我国是一个有悠久爱石传统的国家,历史上曾遗留下来许多纪念石。尽管种类繁多,但基本上可分为两类一类是国有纪念石;包括:① 国家、单位(博物馆)收藏的纪念石。如常林钻石;现存放于开封大相国寺内的"艮岳遗石";从南极采回来的南极石,甚至某矿山开采出的第一块矿石等。② 国与国之间赠送的纪念石;如美国回送给我国,由阿波罗17号载人宇宙飞船宇航员,从月球澄海东南部着陆区采回的"月面岩石";苏联赠给我国的一段来自12 000米地下的岩芯等。另一类是历史名人纪念石,如蒲松龄和沈钧儒收藏的太湖石,郭沫若收藏的孔雀石晶体,李四光收藏的第四纪冰川石等。

第二节 青云片、青莲朵、青芝岫

一、青云片

青云片又称房山石。岩性为石灰岩,颜色为灰白色。石体光滑润泽,质地坚硬。青云片高 2.88 米,长 3.2 米,周长 6.72 米。石体庞大,遍体奇峰异洞,纵横沟壑、前后贯通。遇阴雨,色泽浅青更显玲珑奇巧。青云片为明太仆米万钟的遗物。米万钟是宋代大书画家米芾的后裔,他喜石成癖,不但有好石的遗风,而且善书画。他不惜巨资,从北京的房山得此石,运抵良乡,因故被迫弃于郊野。石体上七处刻有御题。1766 年乾隆皇帝遣人将此石运抵圆明园,并御书"青云片"三字,题诗"诡石居然云片青,松风吹窍韵清泠,英英生处如为雨,肤古何殊岱岳灵"。1925 年青云片从圆明园废墟中挖出,移至现在的北京中山公园来今雨轩。

二、青莲朵

青莲朵是一块历史名石,颜色灰白,石质坚硬,表面温润光滑,体态敦厚而通透,石高约 1.6 米,周长 3.3 米,石纹纵横包络,原名为芙蓉石,"巨石如芙蓉,天然匪雕饰",状若玉雕,苍润可爱。此石最早放至在南宋高宗赵构的德寿宫中。到了清代,乾隆几次南巡,十分喜爱,终于在 1752 年把这块石头运至北京,放进了圆明园,并御笔亲题"青莲朵"。八国联军入侵后,青莲朵埋入废墟 60 余年。于 1920 年移至中山公园社稷坛下。

三、青芝岫

青芝岫是明太仆米万钟在北京良乡发现的巨型观赏石,石长 8 米,宽 2 米,高 4 米,光泽清润,米万钟本想雇人运至修葺一新的勺园供置,后中途而废,巨石也搁置道旁,乾隆去云西陵祭祀,路遇此石,随下令运回京城,置于清漪园(今颐和园)之乐寿堂前,题名为青芝岫,作为寿礼献给他的母亲。并在石体两面分别刻有乾隆皇帝御题:"玉英"、"莲秀"。青芝岫具有瘦、皱、漏、透等特点,平卧在青石浮雕波浪纹型底座上,形体庞大,石泽清润,成为皇家玉石之列。

第三节　败国石、聊斋三石

一、败国石

败国石是描述北宋宋徽宗赵佶因太湖石而败国的事。北宋末年太湖石身价百倍。宋徽宗为征集太湖石而在苏州设立"苏杭应奉局"。主要靠运河来运送太湖石的"花石纲"昼夜运输,以至于"耕稼不足以自给",终于激起了以方腊为领袖的农民起义。而在北宋国都东京汴梁被金兵围困时,珍贵的太湖石却被用作守城用的炮石。元灭金后,残存的太湖石被运到北京,堆在北海的假山上。清朝乾隆皇帝到北海游玩时,目睹残石,感触良多,在北海琼华岛东侧立了一块雕刻非常精美的汉白玉石碑。正面刻的是"琼岛春阴"四个大字,反面刻了一首诗,开头两句是"艮岳移来石岌峨,千秋遗迹感怀多"。

二、聊斋三石

聊斋三石是指蒲松龄曾观赏、吟咏过的三块纪念石。其一为"灵璧石",高盈尺,上有三峰,其皱、瘦、透状恰到好处,立于红木座内,此石原为毕氏中年游江南时得自苏州。蒲松龄在诗文中多次咏及此石,近代书画家亦多有咏及。其二为"三星石",立式,高约尺许,皱如老桧结瘿,下垂一石瓣于红木座外,石上有三颗黄豆般大的银星,斜行排列,疏密相宜,似有光芒。其三为"太湖石",数十斤重,状似鸣蛙,有孔可提,命名曰"蛙鸣石"。相传蒲松龄写作之余,常用这块太湖石锻炼身体。

复 习 题

一、名词解释

1. 败国石　2. 青云片　3. 青莲朵　4. 青芝岫　5. 艮岳遗石

二、简答题

1. 简述聊斋三石的特点及其石种。
2. 简述纪念石的分类。

三、思考题

1. 纪念石与事件石、造型石和纹理石的区别。
2. 历史上与败国石有关的史实。
3. 历史上与青云片、青莲朵、青芝岫有关的史实。

参 考 文 献

1　袁奎荣,刘文龙. 初论我国观赏石资源的特点及开发前景[J]. 桂林冶金地质学院学报,1991,增刊：1～7

2　袁奎荣,邹进福. 观赏石的特点、分类、评价及我国观赏石的开发前景[J]. 江苏地质科技情报,1992(5)：10～12

3　袁奎荣,邹进福. 中国观赏石[M]. 北京：北京工业大学出版社,1994,3～112

4　袁奎荣,邹进福. 中国观赏石[J]. 桂林冶金地质学院学报,1994,14(3)：215～221

5　陈瑞枫. 中华古奇石[M]. 上海：上海古籍出版社,2001

6　刘克全,李饶. 稀世工艺原料——菊花石[J]. 中国宝玉石,1992,4：15

7　胡家燕."夜明珠"矿物[J/OL]. 上海地矿珠宝网,2000,2

8　宋魁昌,苏玉凤. 硅质类宝石玉石分类及特征[J]. 矿产地质,1993,(1)：56～59

9　吴国谋. 湖北菊花石的特征及成因[J]. 珠宝科技,1999(1)：50～52

10　喻铁阶,何政才,吴成柳. 某些晶洞裂隙型观赏石的地质特征及其分析[J]. 岩石学报,1991(1)：86～87

11　黄蕴慧,蔡剑辉,曹亚文. 新矿物[J]. 岩石矿物学杂志,1993,12(1)：51～75

12　顾鸣塘. 赏石文化史论[J]. 华夏奇石,2004,8

13　江利登. 谈谈几种洞穴观赏石[J]. 珠宝,1990(2)：41～43

14　王时麒,杨富绪. 汉中香石的初步考察和研究[J/OL]. 中华

奇石网,2003,2

15 傅英祺,杨季楷.地史学简明教程[M].北京:地质出版社,1985,73~76

16 李饶.中国观赏石事业的发展及预测[J].中国宝玉石,1993(2):8~9

17 李饶.试谈观赏石及其分类[J].陕西地质科技情报,1990,3

18 罗谷风,陈武.基础结晶学与矿物学[M].南京:南京大学出版社,1996,69~99

19 王德滋.光性矿物学[M].上海:上海人民出版社,1974,71~109

20 叶俊林.地质学概论[M].北京:地质出版社,1996,40~43

21 汪新文.地球科学概论[M].北京:地质出版社,1999

22 李铁民.雨花石的含义及其分类探讨[J].江苏地质科技情报,1990(4):17

23 夏邦栋.普通地质学[M].北京:地质出版社,1984,62~71

24 胡晓林.汉江象形石浅谈[J].陕西地质科技情报,1992(3):33~35

25 计成,陈植注释.园冶注释[M].北京:中国建筑工业出版社,1988

26 夏树芳.化石漫谈[M].上海:上海科学技术出版社,1978

27 钟华邦.陨石奇观[J].科学之友,1992(2):10~11

28 中国地质大学珠宝学院.宝石与宝石学杂志,1999~2004

29 中华奇石网及中华奇石报,2005~2011

30 赵其强.宝玉石地质基础[M].北京:地质出版社,1999,50~54

31 李娅莉.宝石学基础教程[M].北京:地质出版社,1992,49~67

32 刘少安.嵩山国画石[J].收藏,2007(4):149

33 李海负.戈壁石沙漠漆[J].花木盆景:花卉园艺,2000(7):36